발길이 머무는 곳

김도석 수필집

오늘의문학사

발길이 머무는 곳

| 프롤로그 |

　글을 쓴다는 것은 돌담을 쌓는 행위와 닮았다. 돌담을 쌓을 때 심미적으로나 실용적으로나 아귀를 맞춰야 한다. 그래서 돌을 들었다 놨다, 이리저리 굴려 본 다음 위치시킨다. 문장 중 단어도 제 위치에 들어가야 좋은 글이듯이. 그동안 홀로 시집 한 권 출간했고 작가들 틈에 끼어 공동으로 산문 몇 꼭지 독자들에게 선보인 게 전부다. 이런 저조한 행위에도 불구하고 지인들이 작가라고 호칭해 줄 때 진심인지 확신을 못 하겠다.

　작가라는 소리를 들어도 덜 부끄러울 방법을 모색하던 중 심사 관문을 통과하면 어떨까 하는 생각을 했다. 선정이 되면 상금도 지원받을 수 있어 매력적이지 않은가. 내 주제를 알기에 이미 유명한 상(賞)의 공모에는 도전하지 못하고, 다른 지방에서 쳐다보지 않을 곳, 내가 살고 있는 공주에 눈을 돌렸다. 매년 공주시 예산으로 공주문화관광재단에서 출판 지원 사업을 한다기에 도전하게 되었으나 나의 얄팍한(?) 생각을 불순하다고 눈치챈 것처럼 문턱을 높였다. 2년 연속 도전했으나 두 번 다 실패한 것이다. 심지어 올해는 신진 작가 부문에 선정 인원이 2명 이내이고 2명만 지원했는데도 기대와는 달리 선정되지 못하였다. 배경이 궁금하기도 하다.

애시당초 전문 글쟁이가 되어보겠다는 생각은 없었지만 2번의 도전 실패로 인해 그 위축감은 무겁게 나를 짓눌렀다. 그렇지만 '일생에 시집 한 권과 수필집 한 권 정도 출간하는 것은 그렇게 큰 욕심을 부리는 것이 아니다'라는 생각이 들어 출판사 문을 두드리게 된 것이다.

내 글이 독자들에게 큰 반향을 일으킨다면 하는 속내를 가지고 있지만 그게 쉬운 일은 아닐 터, 출판했다는 자체만으로 만족하기로 작정하고.

겨우내 불안정 속에서 내가 무엇인가 해야 한다는 사명감으로, 사필귀정이라는 말을 믿으며 몇 차례 상경(上京)하였다. 정치를 잘 모르지만, 정치는 국민들을 편안하게 하고 국민들이 각자 하고 싶은 일을 할 수 있도록 하는 것이 좋은 정치라고 생각한다. 그렇게 되어 가고 있다고 굳게 믿으며.

꽃향기가 바람에 날리고 새순이 돋아나는 이 환장하게 좋은 계절에 책을 내게 되어 더덩실 춤이라도 추고 싶다.

2025년 4월 무성산 기슭에서

| 목차 |

프롤로그 ················· 4

1부 그땐 그랬지

국군장병 위문품 ················· 11
꿀빵 ················· 16
담배 ················· 22
담임 선생님 ················· 27
도시락 ················· 32
먹 감기 ················· 38
반공교육 ················· 43
방학 ················· 50
베구두 ················· 55
사춘기 ················· 61
성격 ················· 66
소풍 ················· 71
송충이 잡기 ················· 76
심술 ················· 81

옷 ·· 85
용의 검사 ······························ 90
유혈목이 ································ 95
착각 ······································ 100
채변 봉투 ······························ 105
친구 ······································ 111
텔레비전 ······························ 116
폭력 ······································ 121
화풀이 ·································· 126
오줌싸개 ······························ 131

2부 세상 참!

고양이 톰 ···························· 137
곰나루 전설 ························ 144
공산성의 달 ························ 153
낚시 ······································ 158
농촌 탈출의 꿈 ·················· 163

눈썹 ·· 168
명절 ·· 173
무관심 ··· 179
밤(栗) 막걸리 ································· 185
변화 ·· 191
빨갱이 ··· 197
서열 다툼 ·· 205
성(性) 이야기 ································· 210
세상 참! ·· 220
아버지 ··· 225
외모 ·· 231
운명 ·· 236
자연(自然) ······································ 241
재능 ·· 246
짐승 가족 ·· 251
텃밭 농사 ·· 256
참 알 수 없는 ································ 261
가위눌림 ··· 267
생색 ·· 271

1부
그땐 그랬지

국군장병 위문품

"김 선생, 그 반은 어째 국방 성금이 그 모양이요?" 조회가 끝나고 교장선생님은 짜증스런 얼굴로 2학년 1반 담임인 김 선생에게 힐난조로 물었다. "아, 무슨 문제라도~" 김 선생은 무엇이 문제인지 알고 있었지만, 반사적으로 대꾸했다. 교장선생님은 전교조 조합원인 김 선생이 그러잖아도 미운데 담임 역할 또한 마음에 들지 않았다. "아, 다른 반은 다들 3만 원 가까이 되는데 김 선생네 반은 1만 원도 안 되니~" "그게 무슨 문제라도 됩니까? 저는 성금이라 학생들에게 성의껏 내는 것이라 했는데~"하고 한마디도 지지 않겠다는 듯이 대꾸했다. "그러니까 그것밖에 안 되는 것 아니요! 반강제적으로 걷어야지. 에이 쯧쯧, 신출내기 교사니 어디까지 어떻게 설명을 해야 하나? 나 원."하며 돌아서서 상대하기 싫다는 듯 교장실로 들어가려 문을 열려고 하는 찰나 김 선생은 교장선생님 뒤통수에 대고 항의하듯 말했다. "교장선생님 그러면 그것이 성금이 아니라~" 다급하게 변명하는데 "됐어요!" 하고는 답답하다는 듯 교장실 문을 열고 들어가 버렸다. "에이, 담임 못 해 먹겠네." 혼자 말하는 척하면서 주위 동료 선생님들이 들을 수 있도록 중얼거렸다. 공감해 주길 바라면서.

공주의 어느 중학교 교사로 발령받은 지 얼마 되지 않는 기간이었다. 김 선생은 교사 생활이 서툴기도 했지만, 말의 뜻과 실제 행동이 너무 다른 행정에 반항이라도 하고 싶었다. '성금이잖아. 그런데 왜 강제해'

내가 초등학교에 다니던 시절에는 학교에서 거두는 것이 많았다. 사방공사에 필요하다며 잔디 씨, 교실 난로를 지필 장작, 쥐가 많아 곡식을 갉아 먹는다며 쥐잡기 운동의 확인으로 쥐꼬리, 교실 걸레로 쓸 수건이나 헌 옷, 추운데 고생하는 국군 아저씨들에게 보낼 방위성금, 추운 겨울을 살아가야 하는 불우이웃돕기 성금, 퇴비를 만드느라 퇴비 증산 운동으로 풀, 크리스마스실 사기 등 학교에서 학생들에게 요구하는 것이 많았다.

학교의 예산이 부족하고 나라의 살림이 넉넉하지 못했는지 수시로 걷어 갔고 안 가져가거나 못 가져가면 얻어맞곤 했다. 당시에 어른들 사이에서 많이 쓰는 말이 '협조하라'는 말이었다. 따라서 우리도 많이 쓰던 말이었다. 이 말은 태평양전쟁 시기에도 많이 썼던 말이라고 한다. 전쟁에 쓰일 군사 물자를 만드는데 놋그릇, 쌀, 송진 등을 걷어 갈 때 일을 집행하던 사람들 즉 관리들이 많이 썼던 말이 그대로 남아 사용되고 있었던 것이 아닐까.

그때는 산들이 온통 민둥산이었다. 한국전쟁의 포화로 산림이 불탄 원인도 있지만 당시의 땔감은 나무였다. 인구가 점점 불어나고 그에 따라 난방에 필요한 땔감의 수요는 커져 더욱 많은 나무가 베어져 없어지고 있었다. 그래서 정부에서는 산림녹화 사업으로 나무 심기를 강조하고 나무를 못 베게 하였으나 산림청이나 경찰서의 눈을 피해 몰래 산에서 나무를 베었다. 그런데 참 답답한 것이 법을 지키자니 가족들이 얼어 죽을 판이고 얼어 죽지 않으려니 법을 어겨야 하는 딜레마에 빠지는 것이다. 어린 나도 그때 분위기가 하도 답답하여 "그럼 어쩌라는 거야"라는 의문이 들었다. 그런데 지금 와서 그때 나무 심기를 잘하고 삼림을 보호한 결과 오늘날 숲이 짙어졌다고 당시 박 대통령 치적으로 사람들은 얘기하지만 내가 보기에는 소득수준이 높아지면서 난방용 연료가 신탄에서 연탄으로, 다시 기름보일러로 대체된 것이 숲이 우거지는 가장 큰 원인이 아니었나 싶다.

법을 어겼을 때도 시범 조로 처벌하는 경우가 많았다. 예를 들어 나무를 베면 처벌한다고 했을 때 그것을 관리하는 사람도 사람들이 땔감을 할 수밖에 없는 상황이라는 것은 잘 알 것이다. 그러나 단속은 해야 하고 적발하면 처벌 안 할 수도 없고, 전부 다

처벌하자니 어렵고 그래서 만만한 놈이 저지른 한 두 사건을 처벌하여 예방 효과를 노렸다.

초등학교 4학년 때였던가 보다. 담임 선생님의 강요로 국군장병 위문품을 며칠째 걷고 있었다. 속도는 지지부진하였고 그나마 걷힌 위문품도 보잘것없었다. 그럴 수밖에 없었다. 다들 가난하였기 때문에 위문품을 받을 처지였지 보낼 처지는 아니었다.

박정희 정권하에서 문교부 장관의 지시였겠지만 우리는 담임 선생님께서 말씀하시니 담임 선생님이 모아서 군부대로 보내는 줄 알고 있었다. 조회 시간에 점검하고 종례 시간에 점검하면서 독촉하셨고 매를 맞거나 야단맞는 것이 두려워 내일은 꼭 가져와야 한다는 생각을 다지면서도 잊거나, 생각났다 하더라도 위문품으로 보낼 만한 물건이 집에 드물었다.

매일 계속되는 지옥의 조회 시간, 담임 선생님은 김병곤 선생님이셨다. 우리는 숨도 못 쉴 정도로 긴장감이 흐르는 상태, 이 시간이 빨리 지나가길 애타게 바라는 간절한 기도의 순간, 담임 선생님께서는 국군장병 위문품을 보시고 수량이 적고 그나마 걷힌 물건도 위문품으로 보내기로는 부끄러운 수준이라 노발대발하시다가 그중에서 빨랫비누 하나를 집어 드시고는 "저 빨랫비누 누가 가지고 왔노?" 얼굴이 붉으락푸르락하시며 우리 전체를 노려보고 계실 때 덕치에 살던 하승호가 잔뜩 겁먹은 얼굴로 비실비실 일어나더니 "제가 가지고 왔심더" 하였다.

승호는 겁에 질려 벌벌 떨다가 담임 선생님이 던진 큰 빨랫비누에 짱구 머리 옆쪽을 맞았다. 너무 우스웠지만 우린 웃을 수가 없었다. 아마 많이 아팠을 것이다.

꿀빵

"니 광솔은 안 따나? 니 그라모 우짜끼고?" 땔감을 한 짐 해놓고 국인이는 상안이에게 물었다. "내 마이 땄다. 화살촉 대신 낑가 가 불을 붙이서 쏠 끼다." 상안이는 활을 쏘는 시늉을 하며 말했다. "니 그라모 새총은 만들었나?" 국인이는 무기를 점검하는 듯 재차 상안이에게 물었다. "만들었제" 상안이는 자신감에 찬 얼굴로 대답했다. "오늘은 그 베트꽁 새끼들 맞차서 대가리를 깨가 피를 칠칠 흘리는 걸 봐야 할 낀데" 짐짓 강한 어투로 위뜸 놈들에게 적개심을 드러내며 결의를 다졌다. 우리는 동네 뒤 대밭에서 활도 만들고 산에 땔감 하러 가서 노송의 광솔도 땄다. 광솔은 영화 이순신에서 본 것처럼 불을 붙여 법송 3구 놈들을 향해 쏘면 혼비백산 도망가는 왜놈들

꿀이 될 것이라 상상하면서 열심히 모았다.

　원래는 공동 조상 아래 법송 1구와 3구는 하나의 동네로 '지법'이라는 명칭으로 불렸다. 3구를 위뜸, 1구를 아래뜸이라 부르는 동성동본의 집성촌이었다. 1914년 일제에 의해 행정구역 명칭이 변경되기 전까지 그랬다. 일제는 지법을 법송 1구로, 건넛마을을 법송 2구로 명칭 변경하였다. 한국전쟁이 끝나고 시간이 지남에 따라 생활이 안정되어 가고, 소위 베이비붐이 일어나 인구가 폭발적으로 늘어나니 1구는 다시 1구와 3구로 분리하게 되었다. 동네가 분리된 것도 그리 오래된 것은 아니었다. 구체적인 것은 아니었지만 우리 조무래기들이 대충 알고 있는 것으로 보면.

　1970년대 초에 미국의 요구에 따라 대한민국의 군대가 베트남전에 참전하였을 무렵 법송 3구 애들과 우리 법송 1구 아이들은 서로를 베트콩이라 불렀고 만나면 서로 으르렁거렸으며 그 정도가 가장 심할 때는 58년 개띠 형들이 초등학교 5~6학년이 되었을 무렵이었다. 폭이 4~5m 정도 되는 냇물을 경계로 돌팔매질로 싸우기도 했고 대나무로 활을 만들어 쏘기도 했으며 마주치면 1:1로 소위 '다이다이'를 붙기도 했다. 그리고 저주 섞인 별칭을 지어서 불렀는데 서로가 베트콩이라고 했다. 70년대 베트콩이란 의미는 가장 나쁜 놈이란 뜻이었다. 해방 공간 이후의 빨갱이란 말의 대체어로 사용된 셈이다.

같은 지법인데도 우리 또래 중에는 부잣집 소리를 들을 수 있는 집은 아래 땀(뜸)에는 없었고 웃땀에는 김상개네와 박기정네가 있었다. 다들 어려울 수밖에 없는 이유가 논 대여섯 마지기에 밭도 그와 비슷할 정도로 소유하고 있었는데 가을 추곡수매 때 나락을 정부에 매상하여 돈을 조금 만지거나 소가 새끼를 낳아 그 송아지를 키워서 팔면 목돈을 만지는 정도이고 그 외에는 돈 나올 구멍이 없었다.

시간이 조금 흐른 뒤 용돈을 벌 수 있는 기회가 생겼다. 내가 초등학교 고학년일 무렵 고구마 잎줄기 장사꾼이 나타나 우리 동네를 비롯한 도산면 모든 동네의 고구마 잎줄기를 사 갔고 집집마다 고구마 잎줄기를 따는 일에 온 식구가 매달렸다. 고구마 잎줄기를 사 간 장사꾼은 그것을 도시의 채소전에 넘겨 차익을 남겼고 덕분에 우리는 용돈이란 걸 만지게 되었으며 그것으로 그 부럽던 군것질도 조금 할 수 있게 되었다.

김상개네는 벼락부자란 소리를 들었는데 그 얘기는 갑자기 부자가 되었다는 뜻이었다. 이유인즉 김상개 큰아버지 중 일제강점기에 일본으로 징용 간 분이 해방되었어도 오사카에 그대로 살고 계셨고 그분이 뭉칫돈을 줬다는 얘기를 어른들에게서 귀동냥한 것이니 정확한 얘긴지는 모르겠다.

당시는 환율이 뭔지도 몰랐고 어른들도 잘 모르는 개념이지 않았나 싶다. 그러니까 환율의 차이로 인한 마술 같은 얘긴데 일본에서 100만 엔을 한국으로 보내면 환율이 10배 차이면 1,000만 원이 되는 것이고 100배 차이라면 1억이 되는 것인데 그 1,000만 원이라는 돈의 크기는 실로 대단했다.

    내가 중학교 졸업 후 우리 집이 지금의 광명시로 이사 갈 때 통영에 있던 논, 밭, 집, 산 다 팔아도 100만 원 정도밖에 안 되었다 하니 그 돈의 크기를 짐작할 수 있다.

    그래서 김상개는 초, 중학교 때 지금 만 원짜리 같은 시퍼런 백 원짜리 지폐로 군것질도 많이 했고 법송 3구 애들한테 꿀빵을 비롯한 과자를 자주 사주며 왕초 노릇을 했으며 공부보다는 자질구레한 말썽을 많이 부린 소위 문제아였다. 상개는 우리 또래 베트콩의 두목이었고 우리 동네에서는 내가 두목이었으며 상개는 다른 애들에게는 꿀빵을 사줬음에도 나에게는 한 개도 사주지 않았고 나는 꿀빵을 먹고 싶어, 침을 바가지로 흘릴지언정 상개에게는 얻어먹고 싶지 않았다.

    그리고 박기정네는 방앗간을 운영하였다. 그때 시골에서 정미소나 양조장을 운영하면 부잣집이라 했다. 조회 종례 시간에 담임 선생님께서 군것질하지 말라고 늘 훈화 말씀을 하셨지만, 용돈이 조금 풍족한 애들은 군것질의 유혹을 뿌리치기가 어려웠고 박기정이도 용돈을 가지고 다니며 군것질도 곧잘 하는 편이었다.

    그리고 박기정이 할아버지와 김정주 아버지 그리고 우리 아버지가 동갑내기라고 했다. 서로 마주치실 때 "갑장"하고 호칭하는 걸 자주 들었기 때문에 그렇게 어림짐작하고 있었다. 박기정이 아버지가 우리 큰형보다 10살 정도 많으시다. 그렇다면 박기정이 할아버지께서는 두 친구보다 적어도 10년 이상 빨리 장가를 드셨다는 얘기고 그만큼 집안이 안정적이었다는 뜻이 된다. 참고로 우리 아버진 징용에서 돌아오시고 나서도 한참 지난 27세에 17살 어머니와 결혼하셨다.

지금 통영에 가면 꿀빵 집이 많고 서로 원조 꿀빵 집이라고 주장하며 그걸 간판으로 내걸고 있다. 꿀빵이란 것이 가운데 삶은 팥을 넣고 밀가루를 둥글게 뭉쳐 튀긴 다음 설탕을 발라 놓은 것인데 우리가 자랄 때는 당분을 섭취하기 쉽지 않아 단맛이 나는 음식은 무엇이든지 맛있다고 하였다.

우리 아버지와 기정이 할아버지와의 친분으로 박기정이는 소위 베트콩이면서도 나를 살갑게 대했고 한번은 '무선이점방'에서 꿀빵을 사줬다. 코카콜라 1병과 꿀빵 6개를 사서 나눠 먹는데 눈물이 쏟아질 만큼 맛이 있었다. 그때 그 달콤했던 꿀빵 맛을 잊을 수가 없었고 앞으로 커서 돈을 벌면 코카콜라 한 병에 꿀빵을 반드시 사 먹을 것이라 다짐했었다.

그리고 십여 년 전 고향엘 간 적이 있었다. 내가 재직하고 있던 학교에서 직원 연수 명목으로 갔는데 연수지를 고를 때 적극적으로 추천하였더니 통영으로 연수지가 결정되었다. 연수가 끝나고 저녁 식사 후 자유 시간에 박기정에게 전화했다. 기정이를 통영에서 만나 이 얘기를 하며 술 한잔 샀는데 기억은 하고 있는지 모르겠다. 기억 안 난다고 우기면 다시 한번 살 테니 '우야든동' 건강하게 살고 있어라.

담배

도덕산의 산줄기가 서쪽으로는 노전 동네를 지나 안산으로 봉긋 솟았다가 솔태뻔덕으로 낮게 이어지다가 장막산으로 다시 높아져 한 갈래는 투박끝으로 가고 또 한 갈래는 범골, 수월리를 지나 저산리까지 이어진다.

동쪽으로는 짧은 줄기가 '개마둑'모퉁이까지 이어지는데 이 모퉁이를 돌아서면 덕치 동네이다. 그리고 다른 산줄기는 덕치 동네를 감싸고 '한티' 고개를 지나 '원문' 고개를 넘어서 이순신공원까지 이어지다가 바다로 빠진다.

이 동서로 뻗는 양 갈래의 도덕산 줄기가 감싸안은 가운데 평퍼짐하게 평지가 위치하고 산과 평지가 만나는 양옆으로 전골과 창골에서 흘러내리는 냇물이 또 이곳을 감싸며 흐른다. 창골의 냇물은 '개마둑' 모퉁이 가기 전에 자란만(灣)으로 흘러들고 전골에서 흐르던 냇물은 법송 1구 앞으로 흘러 '동뫼산' 입구에서 바다로 흘러들었다.

그리고 내가 국민학교 입학하기 전에 1, 2차 둑을 막아 동네 바로 앞에서부터 1차 둑까지 갯논을 만들었고 1차 둑과 2차 둑 사이는 2차 둑까지 막았으나 바닷물이 드나드는 곳이고 이곳을 '널편지'라 했다. 널편지에는 민물과 바닷물이 섞이는 곳이라 갱그리(분홍색 껍질의 피조개), 피조개, 강가(흑합)와 같은 조개류와 장어, 전어를 비롯하여 수산물이 풍부했었고 지금은 이곳에 공단이 들어선다고 덕치 쪽과 법송 1구 쪽 두 개의 산을 깎아 메우고 있다.

이곳을 예로부터 지법(법송 1, 3구)이라 불렀고 김해 김씨들이 터를 잡고 대대로 살았다.

지법의 중간지점 동네를 "들"이라 불렀는데 들판이란 뜻이고 약간 동쪽 즉 창골 쪽으로 치우쳐 있지만 들판의 한복판에 자리잡고 있었기 때문에 붙여진 이름이다. 그곳엔 6가구가 있었는데 그중 종인네만 김씨였다.

나는 어려서부터 조규석이와 조인배를 알았다. 우리 논 중에서 가장 넓은 논이 그들이 사는 집 옆 가까운 곳에 있었고 논에 벼와 보리를 이모작하므로 많은 시간을 농사 노동하느라 그곳에서 보냈고 자연스레 그들과 자주 만날 수 있었다.

그들이 사는 그 동네 우리 논의 흙은 점토질이 강하여 찰지기로 치면 애들 흙장난하는 찰흙 같았다. 벼를 베고 난 뒤 논을 쟁기질한 다음 보리를 심어야 하는데 그때 논흙은 메말라 덩어리지고 그 위에 보리씨를 뿌리는 것은 마치 돌 위에 곡식을 두는 것이나 마찬가지여서 참새들의 먹잇감이 될 수밖에 없었고 더군다나 싹을 틔우기도 어려웠다. 그래서 아버지께서는 누나와 형과 나에게 덩어리져 딱딱한 흙을 부드럽게 부수라고 하셨다. 얼마나 하기 싫고 고된 일이었던지 생각만 해도 진절머리가 난다.

정월 대보름이 가까워지면 새해 농사 준비에 들어간다. 논둑 밭둑을 태우는 것도 풀 속에 들어있는 해충의 알을 태워서 새해 해충으로부터 곡식을 보호하고자 하는 선조들 지혜의 산물이며 새해 농사 시작인 셈이다.

내가 담배를 배우던 날은 초등학교 6학년으로 진급할 해의 정월 대보름날이었다. 규석이와 인배 그리고 나 셋이 '개마둑' 모퉁이 근처 계단식 논의 논두렁에 불을 질렀다. 연기는 멀리서도 보이므로 어른들에게 담배 연기를 들키지 않으려고 논둑에 불을 지른 것이다. 그때는 여기저기 논, 밭둑에 불을 놓았고 바람이

불면 들불이 "들불처럼" 번져갔다. 그러나 그때는 산불 걱정이 없었다. 왜냐하면 산들이 다 민둥산이었기 때문이다.

규석이와 인배는 그때 이미 담배의 인이 박여 있던 고수였다. 인배는 아버지께서 소 장수를 하셨는데 고성이나 충무 우시장에 소 한 마리 몰고 가면 아버지께서 50원을 주신다고 하여 용돈이 풍족했었다. 규석이도 가끔 동행하는 모양이었다.

그때 새마을 담배 한 갑이 삼십 원(?) 정도 할 때이니 번거롭고 쪼잔하게 꽁초를 주우러 길거리를 헤매지 않아도 될 정도의 '부'를 누리고 있었다.

드디어 담배를 배우는 '거룩한' 시간이 되었다. 둘은 담배에 불을 붙여 나에게 주더니 폐 속 깊이 삼키라고 하면서 시범을 보여주었다. 서로 자랑스럽게 담배를 빨아 연기를 삼키더니 천천히 코로 내뿜었는데 거북선의 입과 코로 연기가 나오는 것처럼 신기하였다. 나는 콜록거리면서 따라 했다. 연속 세 개피를 그렇게 했더니 하늘이 노란 해지고 빙빙 돌면서 구토가 나왔다. 이러다 죽는 것 아닌가 하고 겁이 덜컥 났지만, 그들은 웃으며 미리 준비한 바가지로 창골 도랑에서 물을 떠다가 마시라고 건넸다. 물을 몇 모금 마시고 나니 진정이 되었고 그 후로 난 아버지 담뱃갑에서 알 담배를 호시탐탐 노리는 '문제아'가 되어 있었다.

나이 지천명이 되어서도 니코틴의 유혹을 뿌리치지 못하다가

뇌경색으로 앰뷸런스를 타고 입원하게 되었고 죽을지도 모른다는 위험을 감지한 이후에야 난 니코틴으로부터 멀어질 수 있었다. 그러나 나의 영원한 연초 스승인 규석이는 중학동창회 때 뵈니 아직도 50여 년 전 그 가르침을 스스로 실천하고 계셨다.

해마다 스승의 날이 돌아오면 한번 찾아뵈어야 한다는 마음은 들지만, 반드시 그래야겠다는 결심은 안 하고 있다.

담임 선생님

　　　　　　　　　　　　　　　　　　텔레비전을 가진 집은 거의 없었고 라디오가 있는 집도 드물던 시절이었다. 경제적으로 라디오 정도는 쉽게 살 수 있었겠지만, 라디오가 없어도 불편하지 않은 생활 속에서 살았던 것 같다. 방송매체와 접하는 시간이 적다 보니 인기 있던 유행가를 익히기 위해서는 라디오에서 그 노래가 흘러나올 때마다 받아 적어 완성을 시켜야 했다. 물론 호주머니용 노래책이 있긴 하였으나 돈이 귀해서 선뜻 사기는 힘들었다. 그 때문에 초등학생 정도의 꼬맹이들은 노래 가사 전부를 외우는 경우는 드물었다.

　노래방이 없던 시절이라 노래를 좋아하는 사춘기 시절에는 여러 노래를 외우고 다녔다. 노래방이 생긴 이후로 사람들은 노래 가사를 제대로 암기 못 하는 요즘과는 사뭇 달랐다. 문명의 이기가 발달하면 발달할수록 개인의 능력은 퇴보하는 것 같다. 즉 자동차가 없던 시절 사람들은 지금보다 훨씬 멀리 그리고 빠르게 걸어 다녔을 것이며 지금은 내비게이션이 없으면 초행길은 나서기가 겁난다. 옛날엔 서울의 김 서방 집도 주소만 가지면 찾아갈 수 있다고 했는데~.

중학생 정도가 되면 노래 가사를 외우는 사람이 많아졌다. 사춘기를 겪으면서 유행가 가사가 자신의 심정을 대변해 주어 많은 위안을 받아서 그런 것이 아닌가 하고 짐작해 본다. 유행가들은 대부분 사랑이 주제였고 이성에 눈뜨기 시작하는 사춘기 시절과 딱 맞아떨어지니 관심을 안 가질 수 없었다.

박정희 군부 독재 시절이라 유행가 가사의 검열이 심했고 검열하는 당국의 잣대로 금지곡이라는 딱지를 붙였었는데 지금 기준으로 보면 왜 그 노래가 금지곡이었을까 선뜻 이해되지 않는 곡들이 많다. 라디오 프로그램에는 노래를 소개하는 프로그램이 많았고 가장 인기 있는 곡은 하루에도 몇 번씩 들을 수가 있었다. 지금 생각해 보면 '별이 빛나는 밤에'라는 프로그램이 인기가 있었던 것 같다. 누나가 라디오를 따라 가사를 적어놓은 것을 몇 번 따라 부르다 보면 외워졌다.

명절이나 동네 경삿날이 있으면 푸짐한 음식물과 집집마다 담가 둔 과일주를 챙겨서 부모님의 성품이 비교적 온화한 집 사랑방으로 모였다. 안주로 할 음식물은 주로 여자애들이 담당하고 술은 남자애들이 십시일반 집에서 훔쳐 왔다. 그때는 들킨다 해도 어른들이 그렇게 심하게 혼내지는 않고 지나치지 말라는 당부 정도였는데 그것이 명절의 분위기였다.

　어느 동네나 집성촌이 대부분이었지만 타성바지도 섞여 있었고 한두 살 정도의 나이 차이는 친구로 같이 놀았다. 지금처럼 1살 차이로 야박하게 굴지는 않았다. 컴컴한 방에서 또래 남녀가 모여 있다는 자체만으로도 분위기는 들뜨기 시작했다. 그러면 그 당시 가지고 싶어 하던 '쉐이코' 녹음기에 테이프를 꽂고 노래가 흘러나올 때 우리는 둥그렇게 서서 박수치면서 '고고' 춤을 추었다. 얼마나 신나고 황홀했는지 땀이 전신에 흐를 정도로 녹음기에서 흘러나오는 노래를 따라 부르면서 놀았다. 그렇게 컴컴한 방에서 사춘기의 소년 소녀들이 놀아도 어른들이 걱정하는 일은 별로 발생하지 않았다. 상상은 있었으나 실행할 정도의 용기는 없었기 때문이었다.

　초등학교 5학년이었던 것으로 기억된다. 담임 선생님은 장영옥 선생님이셨다. 몇 년 전까지만 해도 초등학교 다닐 때 담임 선생님이셨던 선생님의 성함을 잘 외우고 있었는데 나이가 들어갈수록 가물가물하다. 그 선생님께서는 미혼이었고 우리에게 노래를 많이 가르쳐 주셨다. 가령 "예뽀이 따이따이 예" 라든가 "드링킹코카콜라" 같은 외국 노래도 가르쳐 주셨는데 지금도 마찬가지지만 그때는 아무 뜻도 모르고 신나게 불렀다. 짐작하기로 '예뿌이 따이따이 예'는 아프리카 민요인 듯하고 '드링킹코카콜라'는 코카콜라의 CM송일 것 같다.

또한 실과 시간이 되면 노작을 해야 하는데 노작은 주로 화단 풀 뽑기이거나 학교 복숭아밭에 거름주기 등이었다. 그러나 선생님께서는 반 아이들을 데리고 산으로 가시거나 일은 조금 시키시고 그늘에서 오락 시간을 자주 가지셨다. 오락 시간은 장기자랑으로 채웠는데 노래가 주였고, 간혹 어떤 친구는 닭이나 고양이 울음소리를 성대모사 하는 정도였다. 그마저도 쑥스러워 안 하려고 빼는 경우가 대부분이었다.

그러면 남은 시간을 노래로 채워야 했다. 담임 선생님께서는 아이들을 앉혀놓고 아이들 앞에서 저세상으로 먼저 간 이문택이와 나에게 노래하라고 하셨다. 그때 선생님들 대부분은 아이들이 유행가를 못 부르게 하셨는데 그 선생님은 다르셨다. 그때 나는 가수 남진의 노래 '목화 따는 아가씨'를 좋아했다. 누나가 라디오에서 흘러나오는 노래 가사를 적어 놓았고 몇 번 따라 부르며 외우고 있었다.

먼저 나서기는 조금 쑥스러웠지만 선생님께서 지명하시면 못 이기는 척하면서 즐겼다. 학생들이 지켜보는 가운데 '목화 따는 아가씨'를 부르면 우쭐해졌다. 문택이는 정말 가창력이 좋았다. 지금 생각해 보면 문택이의 음색은 빨려들 정도로 호소력이 있어서 매력적이었던 것 같다. 문택이도 유행가를 많이 알고 있었고 특히 이현과 이수미가 불렀던 '잘 있어요'를 잘 불렀다. 문택이가 노래를 잘 부르는 것은 자기 누나의 영향이었을 것이다. 그리고 덕치에 사는 제해경이는 '충청도 아줌마'라는 노래를 자주 불렀다. 지금도 동창회에서 노래 부르는 것을 보면 해경이는 가수는 못되어도 '카수'정도는 된다.

당시 담임 선생님이셨던 장영옥 선생님은 어디 계시는지 초등학교 졸업 이후 한 번도 소식을 들어본 적이 없다. 내가 타지로 떠나 찾아뵐 생각조차 못 했다. 그때는 하늘 같으신 선생님이신지라 감히 나이를 견주어 보지 못했는데 우리가 11살 무렵이었으니 선생님은 교육대학(당시는 2년제)을 졸업하시고 바로 발령을 받아 오셨다면 22살 정도이니 우리와 11살 정도 차이가 난다. 그러면 아직 살아계실 가능성이 더 큰데 소식이라도 듣게 된다면 찾아뵙고 이런저런 얘기 나누며 그 시절로 돌아가고 싶다.

도시락

　　　　　　　　　　　　　　도시락이 지금은 흔하지 않다. 도시락도 상업화되어 집에서는 웬만하면 싸지 않는다. 특별한 날이 아니고 점심을 해결하기 위해 싸는 일반 도시락은 학생들에게서도 보기 어렵다. 학교에서 급식제도가 생겼기 때문이다.

　소풍날 같은 특별한 날에는 집에서 도시락을 싸기도 하는데 소풍지가 음식 사 먹기 가능한 곳이면 부모들은 돈으로 해결하지 굳이 도시락을 싸지 않는다. 가정의 음식 제공 기능이 외주화되고 있다.

　한국전쟁의 상흔이 완전히 가시기도 전에 우리는 태어났다.

적어도 의식주 중에서 食 부분이 그랬다. 휴전협정이 맺어진 후 8년이 지났는데 여전히 먹을 것이 귀했고 전쟁 중에 살아남은 사람들의 머릿속에는 '먹거리가 생명이다'는 절명(絶命)의 교훈이 새겨져 있었고 그래서 쌀 한 톨 소홀히 하지 않았다.

내 유년 시절에도 내륙지방에서는 보릿고개라 하여 추곡인 벼로 찧은 쌀이 다 떨어져 쥐조차도 쌀독을 넘보지 않고, 보리는 아직 익지 않아 먹을 수 없던 그즈음에 아사(餓死)하거나 못 먹어서 부황(浮黃)이 나는 사람이 부지기수였다. 그 시기를 넘기기가 '걸어서 고개를 넘어가는 것처럼 힘들고 고통스럽다' 하여 보릿고개라고 하였다.

그때는 지금처럼 관개시설이 안 되어 있어서 가뭄이 들면 보리든 나락이든 다 말라 죽었고 타들어 가는 곡식을 그저 안타깝게 바라볼 수밖에 도리가 없었다. 그러다가 도저히 가망이 없다고 판단되면 빨갛게 타들어 간 논을 갈아엎고 메밀 씨를 뿌렸다. 메밀은 가뭄에 강한 작물이라는 사실을 그때는 몰랐고 논에 벼가 말라 죽으니 그냥 뿌리는 것이라고 단순하게 생각했다.

사람들은 배가 고프면 산이나 들로 다니며 풀뿌리나 풀, 그리고 물이 오르는 나무껍질이나 나무순을 먹고 목숨을 부지하였는데 제법 한자깨나 한다는 사람들이 '초근목피(草根木皮)로 연명한다'고 표현했었다. 지금이나 그때나 잘난 척하려면 외래어를 써야 했나 보다.

이때 생겨난 말로 '똥구멍 찢어지게 가난하다'는 말이 있었는데 유래는 다음과 같다. 즉 가난하여 먹을 양식은 다 떨어지고 초근목피로 연명하던 중 소나무 껍질도 벗겨서 먹었다. 소나무 껍질을 벗기면 꺼칠한 바깥과는 달리 목질 부분과 맞닿은 부분의 색은 노르스름하고 두께는 얇은 피막이 있다. 이것을 먹으면 달착지근하여 종종 벗겨 먹곤 했는데 가난한 집에선 배고픔을 달래기 위해 자주 먹었을 테고 그러다가 송진 성분으로 변비가 생겨 똥을 눌 수가 없고 그래서 한번 똥을 누려면 똥이 나오지 않아 똥구멍 찢어진다는 말이 생겼다.

내가 자랐던 통영지방은 내륙지방에 비해 먹거리가 풍부하였다. 왜냐하면 고성반도 전체가 바다와 접해있는 관계로 농산물이 부족하면 해산물로 보충할 조건이 갖추어져 있었기 때문이었다. 그리고 무엇보다도 오염물질이 없어 청정한 바다가 유지되었고 어패류는 물론이고 해조류도 풍부하였다. 그렇다고 해도 먹거리가 지금처럼 풍부한 것이 아니어서 봄이 되면 찔레꽃 나무의 순, 삘기, 소나무 껍질, 새 찔레 순 등은 보이는 대로 뽑아 먹고 껍질을 벗겨 먹었다.

그리고 정말 쌀이 귀했다. 소득이라고는 1년에 한 번꼴로 소가 낳아주는 송아지를 키워 팔면 목돈이 되었고 그다음이 추곡수매였는데 네댓 마지기 정도의 논에서 나오는 벼를 대부분 농협을 통해 팔았다. 그리고 벼를 조금 남겨 도정한 쌀로 밥해 먹었지만 우리 형제들 밥그릇엔 늘 보리밥만 가득했고 쌀알은 어머니의 실수로 몇 알 섞이는 정도였다.

어머니는 밥을 하실 때 삶은 보리쌀을 밑에 깔고 가운데에다 쌀을 한 주먹 정도 올려서 밥을 하셨고 밥을 푸실 때는 가운데 쌀을 중심으로 밥을 퍼서 아버지 밥그릇에다 먼저 담고 나머지를 휘저어서 우리 밥을 푸셨으니 우리 밥그릇에 쌀이 섞이는 것은 드문 일일 수밖에 없었고 나와 개띠 형은 아버지께서 밥을 다 잡숫지 않아 남을지 모를 쌀밥을 차지하기 위해 밥을 먹으면서도 머릿속은 복잡했었다.

당시 박정희 정부는 혼식, 분식을 장려했었다. 이유는 알 수가 없었고 대충 짐작하면 북한이 쳐들어와 전쟁 날지도 모르니 쌀을 군량미로 저장해 두려고 그랬다는 말도 돌았고 그 말이 사실인지 아닌지는 확인하려고도 않았지만 확인할 길을 찾을 수 없었다. 남들이 그렇다면 그런가 보다 하고 넘어가는 것이 당시의 정서였다.

정부에서 혼식, 분식을 장려하니 담임 선생님께서는 점심시간에 도시락 검사를 하셨다. 밥에 쌀이 많이 섞인 부잣집 동무들은 혼이 났다. 당시 우리 반에서 부잣집 아들은 박성하였고 그래서 박성하는 담임 선생님의 지적을 받곤 했다. 나머지는 기억이 잘 안 난다. 그리고 나는 혼이 날 수가 없었다. 우리가 자주 불렀던 노래처럼 복남이네에서 먹던 꽁보리밥이었기 때문이었다. 누런 양은 도시락에다가 김치 하나가 반찬이었고, 늦봄이 되면 마늘

밭에서 뽑은 마늘종대를 살짝 데쳐 고추장에 버무려 놓은 마늘종대 무침, 그리고 여름에는 고구마 잎줄기로 만든 반찬이 도시락 반찬의 전부라고 해도 지나침이 없었다.

 노전-선창에 사는 친구들과 법송 2구에 사는 친구들은 멸치볶음과 달걀 프라이도 반찬으로 싸 오곤 했지만, 나는 소풍날 외에는 달걀 프라이나 달걀찜 반찬은 아예 기대조차도 안 했다.
 보리밥에 김치 그리고 마늘장아찌를 주로 먹고 용돈 없이 자랐지만 내가 가난하다고 심각하게 느꼈던 적은 어머니께서 자주 아프셨는데도 병원비가 없어 병원에 가지 못했던 것 외에는 특별히 기억에 없다. 그러나 사춘기가 되면서 궁한 용돈에 불만이 생기기 시작하였고 나도 부잣집에서 태어나지 못한 운명이 조금 불편했다.

 때는 초등학교 6학년 체육 시간이었다. 체육 시간에는 전부 나가기 때문에 다른 반 아이들이 우리 반에 들어와서 돈이나 물건을 훔쳐 갈 수 있으므로 그 주(週)의 당번이 교실을 지키는 것이 관례였는데 나는 운동장에 나가기 싫어서 당번 한 명을 내보내고 교실에 남았다. 물론 강압적이었다. 체육 시간이 끝나면 바로 점심시간이었기 때문에 슬슬 배가 고팠다. 그래서 나머지 당번 한 명과 동무들의 도시락을 노렸다.

 나는 그 동무에게 주의를 주었다. 아무리 쌀밥을 싸 온 친구의 도시락이라도 한 번 이상은 퍼먹지 말라고 했고 덕분에 우리는 완전 범죄를 저지를 수 있었다. 아니면 친구들이 알고도 모른 척 넘어갔을 수도 있는데 잃은 밥이 소량이라 그랬을 것이고 소량이라도 우리 둘한테는 많은 양의 밥이 확보되었다. 중학교에 진학했을 때 나는 이 사건과 '십시일반(十匙一飯)'이라는 사자성어를 연결시키는 기특함을 보이기도 했다.

멱 감기

　　　　　　　　　　　　　　　도시에서는 운동도 돈을 내고 한다. 헬스장, 테니스장 등 각종 스포츠 장소를 이용하려면 돈을 내야 한다. 그런데 운동을 함에 있어 굳이 돈을 들일 필요가 없다는 것이 내가 가진 운동에 대한 철학이다. 너무 많이 먹어 살을 빼야 한다면 덜 먹으면 되고 근육 강화를 위해서라면 달리기, 직장에 걸어 다니기 등 얼마든지 생활 자체를 가지고 할 수 있다는 것이 지론이다.

　수영도 마찬가지이다. 내 고향 동네 아이들은 초등학교 입학 전에 이미 헤엄을 칠 줄 알았다. 마을 앞으로는 바다가 펼쳐져 있고 마을 뒤로는 골짜기마다 저수지가 있었으니, 헤엄을 배우기 좋은 환경이 갖추어져 있었던 셈이다.

이 이야기는 운동에 관한 얘기는 아니고 수영에 얽힌 내 기억 한 조각이다.

동네마다 놀이에서 배제되기 일쑤이고 놀림의 대상이 되는 아이 한두 명은 꼭 있기 마련이다. 그런데 우리 동네에서는 하필이면 내 외사촌 동생이 그랬다. 그래서 늘 창피하게 생각했고 거리를 두고자 했다.

원래 나의 외갓집은 광도면 죽림에 있었다. 그래서 어머니의 택호도 죽림댁이었다. 정확한 이유는 모르겠으나 큰외삼촌께서 외할머니를 모시고 우리 동네로 이사를 오셨다. 처음에는 괘방골 차씨네 비각(碑閣) 근처에 살다가 지법으로 이사를 왔다.

큰외삼촌은 선천적으로 '언챙이'이셨다. 발음도 새어 부정확하였다. 그래서 동네 사람들은 째보라고 놀렸다. 그리고 성실한 편도 못 되었고 살림을 알차게 사는 편도 아니었으며 농한기에는 심심한 탓에 술 내기 윷놀이를 많이 하였는데 늘 큰외삼촌이 그들 틈에 끼어 있어서 아버지께서는 걱정을 불만으로 표현하셨다.

그리고 외삼촌이 신체적 결함이 있으니 신체 건강한 여자를 만나지 못하고 소아마비로 다리를 절던 외숙모님을 만나게 되신 것으로 추정되어진다. 외숙모님은 다리를 절어서 동네 사람들이 '짤룸발이(절름발이)'라고 놀렸으며 또 언사가 거침이 없어서 아버지는 아무 말씀이나 막 한다고 하여 처남댁인데 '싸발이'라고 하셨고 아버지와 외숙모님은 사이가 좋지 않았다. 처남댁과 올케의 신랑 사이인데도.

지금에야 장애자는 보호 차원에서 우선 고려 대상이지만 그때만 해도 놀림의 대상이고 배제의 대상이었다. 외삼촌 부부가 놀림의 대상이 되다 보니 외사촌들도 하나같이 동네에서 따돌림과 놀림의 대상이 되었다. 나는 그들이 나의 외사촌이라는 사실이 창피하여 피하기 바빴다.

해마다 그런 것은 아니지만 여름이 되면 법송 1, 3구 두 동네에서 아이들이 익사 사고를 당하는 경우가 있곤 했다. 그러면 어른들은 아이들에게 물가에 가지 말라고 으름장을 놓기도 하고 물귀신 이야기를 지어내어 겁을 주기도 했다. 심지어 새해가 되면 토정비결을 봤다면서 올해는 특히 물가에 가는 것을 조심하라고 신신당부하였다.

어른들이 말씀하실 때는 듣는 척하다가 여름이 되면 언제 그랬냐는 듯이 물가로 쫓아갔다. 바다에 가면 자맥질하여 조개도 잡고 청각도 따고 저수지로 가면 다이빙도 하고 저수지 바닥의 돌 주워 오기 그리고 저수지 건너편까지 누가 먼저 건너가나 시합도 하였다.

우리는 헤엄을 배울 때 형들이 강제로 물속으로 끌고 들어가거나 아니면 몰래 다가와 물속으로 밀어 버리면 허우적대다가 헤엄을 터득하게 되었다. 말 그대로 생존 수영이었다.

　그러던 어느 여름날 동네 조무래기 십여 명은 전골 저수지로 멱 감으러 갔다. 앞서거니 뒤서거니 하면서 전골 저수지로 달렸다. 전골 저수지 둑 아래에 도착할 즈음엔 뭐가 그리 급한지 달리면서 이미 옷을 벗기 시작하였다. 그리고 누가 먼저랄 것도 없이 물넘이 콘크리트 구조물 위에서 저수지로 뛰어들기도 하고 어떤 애는 멋지게 다이빙도 하였다. 한참을 물놀이로 지칠 때쯤 떨어진 체온도 높일 겸 달구어진 콘크리트에 누워 있곤 했는데 그날도 내 외사촌 동생은 그때까지 물에 들어가지 못하고 있었다.

　나는 그럴 때마다 그에게 헤엄을 가르쳐 주고 싶었다. 그날도 그런 마음으로 살금살금 다가가 물로 확 떠밀었더니 고함을 지르고 겁에 질려 살려 달라고 허우적거리며 난리가 났다. 가만히 보니 이거 장난이 아니다. 꼬르륵 물속으로 들어가는 것이다. 그래서 큰일 났다 싶어 물속으로 뛰어들었다. 그런데 이 녀석이 나를 꽉 붙잡는 데 힘이 장사다. 순간 나도 겁이 났다. 그리고 둘이 허우적대다 가라앉는데 내가 아래에 있어서 그런지 나를 놓았다. 아마 물 위로 뜨려고 가라앉는 나를 본능적으로 놓았을 것이다. 물의 깊이라고 해 봤자 수심 2~3m였을 텐데 그때는 그런 것을 따지고 말고 할 상황이 아니었다. 바닥에 발이 닿은 나는 바닥을 박차고 물 위로 떠올랐는데 동생은 물을 많이 먹은 나머지 동작이 느려지고 있었다. 정신을 차리고 뒤에서 그를 바깥으로 밀어냈다.

 물가로 나온 그는 처음으로 나에게 욕을 하면서 대들었다. 그 뒤로 그는 헤엄을 배웠는지 나는 모른다. 내가 중학교를 마치고 이사 갈 때 간다는 말도 못 하고 헤어졌기 때문이다.

반공교육

나는 1969년도에 초등학교 입학하였다. 도산초등학교 제45회 졸업생인데 세상을 바쁘게 살다 보니, 또 그렇게 중요한 사실이 아니었기에 내가 몇 회 졸업생인지 잊고 있다가 도산초등학교 밴드를 만들면서 알게 되었다. 도산국민학교 건물은 일제강점기에 지어진 건물이었다. 군대 막사처럼 길게 지어진 건물로 외관은 기다란 나무를 얇게 켜서 벽면 마감재로 덧대었는데 쉽게 썩지 말라고 콜타르를 발랐다. 그래서 검은색을 띠었으며 가까이 가면 콜타르 냄새가 났었다. 지금도 교사(校舍)의 형태는 크게 다르지 않다. 길게 복도가 나 있고 각 교실이 연이어 있다.

그때는 학교가 병영처럼 운영되었다. 먼저 군대 연병장처럼 학교 건물 앞으로 넓은 운동장이 있었고 그 운동장에서 1주일에 한 번 전체 조회를 하였고 가을이 되면 청군, 백군으로 나눠서 운동회도 하였다. 운동회는 비용이 많이 드는 까닭에 절약 차원에서 격년제로 하였다. 2002년에 처음으로 유럽 여행을 했을 때 내가 방문했던 모든 학교(3개 교)가 운동장이 없어서 '정식으로 인가받은 학교가 아닌가?' 하는 생각이 들었다. 그만큼 나에겐 학교는 반드시 운동장이 있어야 한다고 관념이 고정되어 있었으나 유럽의 학교는 운동은 체육관이나 공설운동장을 이용하고 학교에 운동장을 반드시 배치한 것은 아니었다.

지금은 우리나라도 전체 조회가 거의 없어졌고 학생들에게 제식훈련을 시키지 않으며 거수경례도 가르치지 않는다. 그리고 여학교에서는 체육 시간에 학생들이 직사광선 때문에 운동장으로 나가지 않고 체육관을 이용하여 운동장에는 잡초가 골칫거리이다. 남학교에서는 운동장에 인조 잔디를 깔아 놓았다. 남학생들의 축구 사랑은 햇볕을 아랑곳하지 않기 때문이다. 어쨌거나 우리나라도 반드시 운동장이 필요한 것은 아니게 되었다.

전체 조회는 각 학년이 반별로 '좌우 간격을 나란히' 하여 대오를 갖춰 섰고 반 대오의 앞에는 반장이 섰으며 그 반 대오를 마주 보고 담임 선생님께서 서서 담임 반을 지도하였다.
전체 차렷 상태에서 움직이거나 옆에 친구와 잡담하면 꾸지람을 듣거나 체벌을 당했다.

초등학교는 전체 조회를 준비하는 선생님을 어떻게 정했는지 알 수 없으나 중학교 때는 대개 체육 선생님이 전담하셨고 고등학교 때는 교련 과목이 있어서 교련 선생님들이 지휘하셨는데 공통점은 무서운 선생님이라 고함을 지르면 학생들은 즉각 반응하였다. 만약 구령에 따르지 않고 엉뚱한 짓을 하다가 발각되면 그 자리에서 시범 조로 뺨을 맞거나 정강이를 걷어차였다.

전체 조회 때 교장 선생님의 말씀은 지루하고 길었다. 봄, 가을에는 버티기가 수월한 편이었지만 여름의 뙤약볕 아래서는 쓰러지는 애들도 있었다. 그러면 어떤 교장 선생님은 쓰러진 아이의 정신 상태를 훈화 말씀에 넣어서 하기도 했다. 겨울에는 찬바람에 덜덜 떨면서 그 긴 훈화 말씀을 다 듣고 나면 "각반으로 향하여 앞으로 갓!" 하고 전체 학생회장의 구령이 떨어질 때 몸이 굳어 행동이 부자연스러웠다.

교실로 들어가면 또 담임 선생님의 훈화 말씀을 들어야 했다. 교장 선생님께서 하신 말씀 중 반드시 기억하고 지켜야 할 것들을 다시 한번 강조하시기도 하고 담임 선생님의 말씀을 따로 하시기도 했다.

내가 초등학교 다니던 때는 70년대인데 반공교육이 학교 교육의 중심이었다. 그때는 반공교육이 뭔지도 몰랐고 입학 직전까지 썼던 말, '동무'니, '남새'니 하는 통영 사투리도 갑자기 조심해야 했다. 북한에서 남파된 간첩들이 쓰는 말이라고 선생님들께서 못 쓰게 하셨고 또 간첩으로 몰릴까 봐 스스로 조심했다. 지시를 어기면 구체적으로 어찌 되는지는 몰라도 '큰일 난다'는 것쯤은 감각적으로 느끼고 있었다. 그리고 반공 웅변대회도 자주 열렸고 나는 담임 선생님의 명으로 반공 웅변대회에도 자주 참가했다.

입학하기 직전에 북한에서 김신조 일당이 박정희 대통령의 '멱을 따러 왔다'고 했다. 교전 끝에 죽은 무장 공비라고 설명이 적혀 있는 사진을 실은 전지 크기의 홍보물을 당시 면사무소에 사환으로 다니던 둘째 형이 여러 장 가져왔고 벽지가 없어 흙벽을 신문지로 발랐던 우리 집 작은 방 앞에 낡은 신문지 위로 벽지 대신 썼다. 덕분에 나는 매일 그 사진과 설명글을 볼 수 있었다. 그리고 동네 조무래기들이 우리 집에 오면 글자를 읽는 척하며 설명을 해줬는데 사실은 형이 그 설명을 읽는 걸 듣고 설명해 준 것이었다.

나중에 안 일이지만 그 후로 철조망은 삼팔선뿐만 아니라 경기도와 강원도의 해안 따라 육지와 바다를 분리하였고 그래서 어업에 종사하는 사람들은 일일이 군-경의 통제에 따라 생업에 종사할 수밖에 없었고 그 불편함은 이루 헤아릴 수조차 없었지만, 불만을 표하거나 저항한다는 것은 꿈에서조차도 할 수 없었다. 왜냐하면 간첩으로 낙인찍혔다가는 본인뿐만 아니라 자식과 일가친척까지 연좌제에 묶여 목숨까지도 위태로워지는 상황에 처해질 수 있기 때문이었다.

그때는 말들도 살벌했다. 목을 딴다, 박살 내자, 쳐부수자, 깨부수자, 발본색원 등 폭력적이고 자극적 용어들이 여과 없이 어린이들의 교육 현장에 침투하였고 북한에 대해선 누가 더 끔찍한 말로 저주를 퍼붓느냐를 시합이라도 하는 것처럼 험악한 말을 해대었다. 이런 분위기에서 오역된 단어가 fighting이라고 한다. 그런데 내가 보기엔 오역이 아니라 당시의 시대 반영인 것 같다. 즉 운동경기도 싸워서 반드시 이겨야 하는 싸움으로 인식했던 것이다. 이제는 우리 사회에서 뜻이 약간 변하여 '파이팅'은 용기를 북돋우는 말로 쓰이고 있어 오역된 것처럼 보인다.

미술 시간엔 반공 포스터 그리기가 주를 이루었다. 그리고 반공 포스터 그리기 대회가 있고 시상까지 하였다. 대부분 포스터가 한반도를 배경으로 삼팔선에 철조망을 그린 다음 북쪽에는 붉은색을 남쪽에는 파란색을 넣은 뒤 손톱이 길고 털이 듬성듬성한 손이 북쪽에서 남쪽을 향해 삼팔선에 걸쳐있고 표어로 "오늘도 호시탐탐 북괴는 노린다" "분쇄하자 적화 야욕 이룩하자 승공 통일" "때려잡자 김일성 쳐부수자 공산당" 류의 표어를 동반했었다. 한창 피어나는 동심(童心)에 사랑보다는 증오와 적대감을 가르쳤다.

학교에서 학생들에게 단체 생활도 강조하였다. 매일 그랬던 것은 아니었던 것 같고 일주일에 한 번 정도인지 한 달에 한 번 정도인지 정확하지 않으나 '애향 반 활동'이라고 해서 토요일 하교 때 동네별로 함께 모여서 애향 반 깃발을 선두로 줄을 지어 걸어갔고 일요일 아침에는 마을길 청소를 하고 애향 반 일지에 기록했으며 애향 반 반장은 마을 이장의 확인 도장을 일지에 받아야 했던 것으로 기억한다. 그리고 소풍도 일정한 거리를 전교생이 걸어갔다. 그리고 소풍이 끝나고 돌아올 때는 동네별로 줄을 지어서 돌아갔다. 마치 군인들이 행군하는 것처럼.

그리고 이해하기 어렵기도 하고 싫은 것 중 하나가 우리 반 아이 한 명이 잘못한 행동이 있으면 반 전체가 체벌당했는데 담임 선생님께서는 우리 전부가 책임이 있어 연대책임을 물어야겠다고 하셨다. 정말 알쏭달쏭한 훈시였고 함께 얻어맞거나 벌을 서면서 불만스러웠다. 잘못한 학생이 있으면 그 학생이 더 이상 잘못하지 않도록 가르치면 되지, 잘하고 있는 학생까지 고통 줄 게 뭐람. 이런 불만은 한동안 잊혔는데 군대 가서 또 하게 되었다.

반공교육의 일환으로 학교의 분위기는 폭력적이었다. 지적을 받거나 벌을 설 때 자신의 입장을 얘기하거나 자초지종 설명하려 하면 안 되었다. 지적이나 호출 시에는 무조건 '잘못했습니다' 혹은 '다시는 안 그러겠습니다' 해야지 사실은 이렇고 저렇고 했다가는 비겁하게 변명한다고 아니면 핑계 댄다고, 심하면 말대꾸한다고 왼쪽 손으로 그 어린 것의 오른쪽 볼을 꼬집어 때리기 좋게 젖혀놓고 솥뚜껑만 한 어른의 오른손으로 사정없이 내리쳤다.

이때 서너 대 맞고 나면 뺨이 얼얼해지고 눈물이 나도 모르게 쑥 빠지면서 정신이 완전히 달아났다. 여름방학 때 법송 1구의 등교일인데 주병구 선생님이 담당 교사였고 내가 조금 늦게 갔다가 그 선생님을 보자마자 맞을까 봐 겁이 나서 자초지종을 설명하려다 오소리에게 개 뺨 맞듯이 맞았다. 그 교사의 조카가 우리 학년에 다녔는데 보복할까 하다가 자기 삼촌에게 일러바칠 게 두려워 실행하지 못했다. 그 후로 나의 뺨을 때리는 사람에겐 반드시 항거하였다. 아니 화가 치밀어 올라 가만히 있을 수 없었다.

어쨌거나 우리는 남북의 체제 대결 속에서 공산주의가 무엇인지 모른 채 무조건 절대 惡(악)이라고 교육받았고, 또한 공산주의가 뭔지 알려고 해서도 안 되었다. 용공주의자로 몰리지 않기 위해 스스로 자기검열을 해야 했으며 아직도 '이러다 잡혀가는 것 아녀?' 하고 조심하는 습관이 생겼다. 마치 기독교 신자가 하나님의 존재를 의심하면 안 되듯이 우리는 공산주의 사상이 절대 악임을 의심해서는 안 되었다. 그 교육의 영향은 아직도 대한민국 사회에 미치고 있다.

방학

참 징하게도 책 읽기 싫었었다. 읽어야 한다는 건 알고 있었지만 정말 책 읽기가 싫었다. 책도 학교 도서관이 아니면 구해서 보기 어려웠고 일단 책 읽기가 싫었으니 책이 있는 곳을 안다 하더라도 구해 볼 생각을 안 했다. 그러나 만화는 좋았다. 그런데 만화 좋아하면 공부 못 한다고 어른들이 못 읽게 했고 우리들은 어른들 몰래 만화방에서 가끔 빌려다 돌려 보았다.

교사가 된다는 것을 '교편을 잡는다'는 말로 에둘러 표현한다. 교편(敎鞭)은 가르칠 교자와 채찍 편자로 되어 있다. 아주 오래 전부터 선생님들께서 좋게 책을 읽으라고 말씀하시면 그때도 학동들이 말을 안 들었나 보다. 그래서 채찍 같은 회초리로 고통 기피 본능을 자극하여 공부를 강제하면서 교편이란 말이 만들어지지 않았을까. 그 말이 통용된다는 뜻은 책 읽기 싫어하는 것이 나만의 문제는 아니었던 셈이다.

60~70년대는 농어촌과 도회지가 여러 면에서 달랐다. 도시에서는 아이들을 과외 공부도 시키고 학원도 보내고 했지만, 시골은 가족노동에 의존하는 농어업인지라 초등학생의 노동력도 큰 보탬이 되었고 부모님들도 자식이 공부해서 다른 직업을 갖는다는 생각은 못 했을 것이다. 대학이나 물론 하다못해 고등학교에도 진학 못 하던 시절의 구석진 농어촌 마을이고 서울과의 거리도 한참 떨어져 있는 동네이다 보니 문명을 접할 기회는 드물었고 보고 배우는 것이 농경사회의 풍습들이었다.

보리 베기 철이나 벼 베기 철에는 '고양이 손도 빌린다'고 했으니 초등학생의 노동력은 고급 노동력인 셈이다. 그러니 어른들 눈에는 책 읽는 놈보다는 집안일 거드는 놈을 더 이뻐할 수밖에 없었다.

농어촌의 낮은 교육열 때문인지 서울과 먼 거리 때문인지 두 요인의 합동 영향력 때문인지 동네에서 대학생 보기가 어려웠다. 들리는 소문으로 우리 동네 김대영씨가 한양대에 다닌다고 했는데 유일한 증거가 장충단 공원 분수대를 배경으로 사각모 쓰고 망토를 걸친 사진이었다. 그 사진이 그 집 안방 입구 위 액자에 들어있었다. 그리고 사진관에서 사각모와 망토를 빌려준다는 사실을 안 것은 나중의 일이다.

부모님들은 공부하라는 말보다 소 꼴 좀 베어 놔라, 고구마 좀 파 날라라, 벼 이삭 주워 와라, 그리고 보리 심게 흙덩어리 좀 깨라, 이런 말씀이 주였고 이런 일들도 하기 싫은 것은 마찬가지였지만 부모님 말씀을 거역할 수가 없었다.

방학이 되면 노느라고 책 한번 들여다보지 않았다. 책도 교과서 외에 재미있는 이야기책은 없었고 주변 사방에는 우리의 흥미를 끄는 것이 너무도 많았다. 여름방학이 되면 바다나 저수지에서 멱 감기, 조개 잡기, 낚시 등에 시간 가는 줄 몰랐다. 아침에 마을 공동산(共同山)으로 쫓아 올린 소만 저녁 무렵에 찾아오면 되었다. 겨울방학에는 딱지치기, 구슬치기, 자치기, 카이셍 등 지금 돌아보면 위험할 정도로 놀았다. 그리고 하기 싫었지만, 안 하면 밥상머리에서 쫓겨나거나 꾸지람 속에서 눈물 밥을 먹어야 하기에 견딜 수 없어서 반드시 할 수밖에 없는 일이 있었다. 소먹이기, 나무하기 등. 한 가정에서 우리 또래는 대개 소 담당이었다. 당시 농사짓는 집에서는 소 한 마리씩은 있었다. 대부분 한우였는데 논밭을 갈 때 축력을 이용해야 하므로 소가 상일꾼이었고 집에서 가장 큰 재산이었기 때문에 귀한 대접을 받았고 피치 못할 사정으로 팔아야 할 땐 소도 울고 주인도 울었다.

방학 내내 놀다 보면 숙제를 못 하곤 했다. 당시 선생님들은 어찌나 숙제를 많이 내주시던지 하루 이틀에 해치울 분량이 아니었다. 방학 끝나기 일주일 전에는 내일 해야지 하고 차일피일 미루다가 막상 내일이 개학이라면 오늘 저녁에 난리가 나는 것이다. 그럼에도 그것이 반성 없이 방학 때마다 되풀이되었다. 숙제를 안 해 가면 어김없이 얻어맞았다. 그런데 친구 중에는 맷집으로 버티며 자신의 '의지'를 관철시키는 친구도 있어 나를 감탄케 했다. 지금 생각해 보면 놀다가 숙제가 있다는 사실조차도 잊어버리는 게 아니었나 싶다.

나는 방학 숙제를 해 갈 때 누나의 도움을 많이 받았는데 개학 전날 저녁에 큰일 났다고 징징거리면 누나는 '만들기 숙제'는 종이로 접은 인형을, 그리고 '그림그리기' 하면 뒤에 산이 있고 마을이 있고 개울이 흐르고 오가는 사람 두어서넛, 그리고 여유가 있으면 사람 옆에 누렁이 한 마리 그려 넣은, 몇 년째 똑같은 그림을 판화처럼 그려줬으나 내가 불평할 처지는 못 되었다. 그중에서도 가장 골치 아픈 숙제는 일기였다. 매일 기록을 해둔 것도 아니고 꾸며 쓴다고 해도 한 달 치 이상을 어떻게 꾸민단 말인가. 그래서 날짜만 바꾸고 날씨는 대충 꾸미고 '나는 아침에 일어나 소를 몰고 괘방골에 가서 소뿔에 고삐를 감아 쫓아 올리고~'를 반복하였다.

초등 4학년 때 무시무시한 담임 선생님을 만나는 개학 날이었다. 방학 동안 담임 선생님이 생각조차 나지 않았는데 개학 전날 밤 공포로 다가왔다. 개학하면 대개 1교시는 청소를 하고 2교시부터 수업을 시작했는데 담임 선생님께서 방학 때 공부를 얼마나 했는지 검사를 하신다고 네댓 명의 번호를 부르셨다. 앗! 재수 없게도 내 번호가 호명되었다. 우리는 잔뜩 긴장하고 칠판 앞에 주욱 늘어섰다. 선생님께서는 숫자를 부르시더니 나누라고 하셨다. 순간 머릿속이 텅 비어 버렸다. 분명 방학 직전에 배운 나눗셈인데~.

그날 나는 선생님의 매보다도 '반장이라는 놈도 저 모양이니~'라며 한심해하는 말씀이 더 아팠다.

베구두

축구는 남자들을 흥분시킨다. 축구는 남자의 전유물이었다. 여자들에게 축구와 군대 얘기하면 재미없어 한다고 하지 말라는 말이 있을 정도로 여자는 축구와 군대에 대해서는 관심이 없었다. 그런데 눈치 없는 놈은 군대에서 축구한 얘기를 여자 친구에게 재미있으라고 했다가 이별 통보를 받았다는 우스갯소리도 있다. 그러나 요즈음은 젊은 여자들도 축구를 좋아하여 축구에 대한 사랑이 뜨겁고 축구에 대한 지식수준도 상당하다.

A매치라고 불리는 국가 간 경기, 그중에서도 일본과의 경기는 국민을 '국뽕'으로 마취시킨다. 그런 날은 치맥(치킨과 맥주)의

매상도 평소보다 높을 뿐만 아니라 우리 선수가 골이라도 넣는 순간은 아파트 단지가 들썩거린다.

한동안 대한민국의 축구는 유럽과 남미 축구에 비해 힘과 기술이 부족하고 경기에서 형편없이 지는 것을 당연한 것으로 생각해 응원할 기분이 안 생겼다. 황인종은 흑인종과 백인종에 비해 유전적으로 축구를 못 한다고 스스로 열등감에 빠졌었는데 2002년 월드컵 개최 이후 '우리도 하면 되는 것 아닐까?' 하는 자신감을 바탕으로 하는 의혹이 생겼고 그 후 유럽 무대로 한국 선수들이 진출하게 되었으며 지금은 일부 선수들이 월드클래스라고 칭찬받으며 선수 생활을 하고 있다.

도산국민학교 화단에는 '유카'라는 용설란 종류의 식물이 심겨 있었다. 키는 150cm 정도 자라는데 그 잎끝에는 뾰족하고 단단한 가시가 있었다. 그리고 정확히 기억나지 않지만, 여름방학 무렵이면 꽃대궁을 쑥 뽑아 올려 한 줄기 꽃을 피우는데 중심에서 올라온 대궁에는 하얀 꽃이 난초꽃처럼 뭉텅이로 피었다. 꽃이 피면 키가 2m가 족히 넘어 보였다.

언젠가 "애니깽 농장"이라는 다큐를 보았는데 그 애니깽이 내가 초등학교 다닐 때 보았던 그 식물과 똑같았다. 그리고 그 후 멕시코로 여행할 기회가 생겨 멕시코에서 또 그 식물을 보았는데 내가 어릴 때 보았던 것보다 키도 더 컸고 잎도 더 두껍고 넓었다. 아마도 자기에게 맞는 기후(열대 사바나)라서 그럴 것이라 생각했다. 멕시코 사람들은 이 애니깽으로 밧줄을 비롯해 모자, 그릇 등 생활용품을 만들고 "테킬라"라는 술도 빚는다고 했다.

우리는 겨울에 선생님 몰래 그 잎을 떼다가 여러 갈래로 쪼개서 하나씩 나무 막대기에 묶어 팽이채로 쓰기도 했다. 그런데 우리에게 골치 아픈 것은 그 가시였다.

누구나 그러했겠지만 초등학교 시절엔 축구를 무척 좋아했다. 고양이가 밍크 털 낚싯대 좋아하는 만큼 좋아했다. 너나 할 것 없이 다 그랬다. 어쩌다 어렵게 수업 시간에는 학교의 축구공으로 축구하기도 했다. 그러나 축구공은 우리에게 너무 크기도 하고 단단하여 공을 차면 발이 아파서 고통스러웠다. 신발이라고 해야 검정 고무신이었으니 맨발이나 다를 바 없었다.

우리에게 가장 좋은 공은 핸드볼 공만 한 크기의 고무공이었다. 학교 바깥 점방에서 한 개에 100원에 팔았다. 당시 우리는 어렵사리 돈을 모으든지 아니면 조금 용돈이 넉넉한 동무가 점방에서 공을 샀는데 그 공이 우리에겐 안성맞춤이었다.

그런데 문제는 공을 차다 보면 공이 그 '유카'로 날아가 그만 터져버리고 만다. 환장할 노릇이었다. 그것을 다 베어버릴 수도 없고. 그 이파리는 사방팔방에서 덤비는 적들을 향해 겨루고 있는 창 같았다. 새로 산 새 공이든, 운 좋게 일주일 이상 버틴 공이든 그 이파리 끝에 닿기만 하면 끝장나 버렸다. 그리고 화단에 십수

그루가 있었다. 교장 선생님도 그 사실을 알고 계셨을 텐데 유카만 걱정하셨지, 우리 공은 걱정하지 않으셨다.

그 당시 우리에겐 축구가 얼마나 인기가 있었느냐 하면 쉬는 시간 10분에도 분단 별로 경기할 정도였다. 짧은 10분 동안 공을 차고 종이 울리면 교실로 뛰어 들어가야 했다. 사실 말이 10분이지 나가고 들어가는 시간 빼면 5분 정도밖에 안 될 것이다. 공을 쫓아 뛰어다니다 보면 땀으로 목욕하다시피 했다. 늦봄, 여름, 초가을에는 더욱 땀으로 범벅이 되었다. 요즘 같으면 찝찝하여 견딜 수 없었겠지만, 그때는 목욕이라고 해봐야 일 년에 한 번 설 명절 전날에 할 정도이니 아무리 땀에 젖어도 개의치 않았다.

문제는 선생님보다 먼저 들어가야 하는 것이다. 늦지 않게 들어간다고 뛰었지만 조금 늦어서 담임 선생님께 맞거나 복도에 꿇어앉아 손드는 체벌을 당해야 했다. 그러나 그 정도의 고통은 우리의 축구 열정을 식힐 수 없었고 다음 쉬는 시간에 또 나갔다.

그때 국가대표 축구선수로 가장 인기가 있었던 사람은 차범근이었는데 발음하기가 까다로워 대개 차봉근이라고 했고 나도 그 사람 이름이 차봉근인 줄 알았는데 고1 때 수도권으로 전학 가니 표준말을 쓰는 친구들이 차범근이라고 했다. 비록 흑백 TV였지만 그 텔레비전 속에서 태극마크를 달고 달리는 차범근 선수는 우리들의 영웅이었다.

한·일전이라도 하는 날에는 우리 조무래기뿐만 아니라 애고 어른이고 할 것 없이 TV가 있는 집으로 몰려들었고 그날은 완전 전투를 앞둔 어느 부족 마을의 전야제 날이었다. 그리고 이긴 날에는 뭐가 그렇게 기뻤는지 그 기분이 다음날로 이어졌고 우리는 축구 선수들처럼 멋진 폼으로 드리블, 슈팅을 흉내 내었다. 자신은 국가대표 선수들과 폼이 비슷하다고 생각했을진 모르나 남들 눈에는 그렇지 않았을 것이 틀림없다. 그리고 지는 날에는 부모의 상을 당한 사람처럼 우거지상을 하였으나 그것도 다음날이면 잊혀졌다.

흑백 TV에서는 선수들이 가슴에 달고 있던 태극기와 일장기가 구분이 안 됐는데 당시에는 깊이 생각해 보지 못했다. 그러다 갑신정변 실패 후 친일파 박영효가 일본으로 도망가다 배 안에서 급조한 국기라는 말을 듣고 '일장기를 본(모델)으로 삼았겠구나' 하는 생각을 해보았다.

우리는 축구할 때 신던 신발이 주로 검정 고무신이었는데 공 한번 차면 벗어지기 일쑤였다. 아이들 대부분 베구두(운동화란 말보다 더 많이 썼음) 한 켤레 가져보는 것이 소원이었다. 그러던 어느 날 낭개 마을에 사는 김재신이 약간 으스대면서 베구두를 신고 나타났다. 청바지를 만드는 베에다 바닥은 스파이크를 생고무로 흉내 낸 운동화였다. 그날 이후로 재신이는 축구에 더욱 매달렸고 공도 잘 차는 것 같았다. 사실 축구는 법송 3구에 살던 김상개가 잘했다. 달리기도 잘했을뿐더러 드리블도 우리 중에서는 뛰어나게 잘했다.

 나도 저런 베구두 한 켤레 있다면 얼마나 좋을까. 엄마에게 졸라보고 싶었지만 엄마는 "돈이 오데 있노, 니 움마 폴아서 사라"고 말씀할 것이 뻔하고 아버지에게는 어려워서 말 꺼낼 엄두도 못 냈다.

 그렇게 나의 어린 시절 축구에 대한 열정은 세월 따라 흘러갔다. 그 후로도 축구에 대한 사랑은 계속되었는데 사십 대 중반이 되니 몸이 굳어져서 서로 볼을 향해 달리다 부딪히고 뼈가 부러지는 걸 보고 신체 보호 차원에서 축구는 완전히 끊고 안전한 테니스로 돌아섰다. 운동은 귀찮고 힘들다. 그래도 건강을 위해서는 해야 하는 것이다.

사춘기

　　　　　　　　　　　　　　　　남녀공학의 초, 중학교
에 다녔음에도 여학생은 왜 그리 내게 두렵고 설레고 부끄러운
맘이 들게 하였는지. 식상하리만치 많이 쓰는 말 '이슬만 먹고 사
는~'으로 수식되는 주체가 나에게 여중생이었다. 남중생이었던
나를 늘 대비되게 하고 열등감에 빠뜨리는. 어쨌거나 여학생은
나와 동종의 호모사피엔스는 아니라 생각되었다.

　농경 세대의 끝자락에 있는 우리 세대는 부모님을 도와 농사
일을 많이 하면서 자랐다. 그럴 수밖에 없는 것이 노동력을 전적
으로 가족에 의존하는 가족농이었기 때문이다. 농촌 마을에서
태어났는데 간척사업을 하기 전에는 '순수한' 농촌 마을은 아니

었다. 반농반어의 농어촌이었다. 동네에 접해있는 만의 안쪽 마을이었기 때문이다. 경남 고성반도 중간쯤에 위치하여 구불구불 해안을 따라 육로로 충무시(통영시)에 가는 것은 먼 길이지만 바닷길로는 무전동이 빤히 건너다보이는 가까운 거리였다.

  모내기 철이나 벼 베기 철이 되면 노동력의 집중이 필요하므로 집들이 다닥다닥 붙어 있었다. 서로 긴밀한 연락을 주고받을 수 있고 노동력을 집중시킬 수 있는 '집촌' 형태를 이루고 살았다. 동네는 나와 같은 성씨의 집성촌인데 공동 조상 아랫대를 이어가며 자손의 수를 불렸고 그 자손들은 주변의 논밭을 개간하여 거기서 나는 농산물로 살아왔다.

  아버지는 일본으로 징용 가서서 돈을 조금 모아 오셨는데 '절약만이 살길이다'가 아버지의 경제관념으로 자리 잡게 된 연유이다. 일본인 노동자에 비해 턱없이 적은 돈을 노임으로 받으셨고 겨우 목숨을 부지할 정도의 돈임에도 그것을 모아 해방과 함께 귀국하셨다. 국적 때문에 많은 노임은 기대하기 어려운 상황에서 사는 길은 절약밖에 없다고 생각하시고 실천하셨으며 결국 우리 식구들이 아버지의 '확고한' 경제 철학 덕분에 살아갈 수 있었으니, 그것이 아버지의 신념으로 굳어진 것이다.

  그렇게 모아온 돈으로 오두막 한 채 사고 논밭을 조금 사서 가족들이 안 굶어 죽을 정도가 되었다. 좋은 땅들은 비쌀뿐더러 농경 중심 사회라 이사도 가지 않아서 팔려고 내 논 땅이 없었다.

간혹 빚에 쪼들린 나머지 파는 땅을 샀기 때문에 우리 땅은 동네 여기저기 흩어져 있었고 심지어 다른 동네에도 있어서 가고 오는 데만 반나절씩 걸렸다.

그중에 도산 지서(파출소)에서 오륜동으로 가는 방향으로 400m 정도 신작로 따라가면 그 길 따라 좁고 기다랗게 우리 밭이 2필지가 있었다. 이 밭은 주로 고구마만 심었는데 길가에 있는 밭이라 오륜동, 마산개, 범골에서 걸어 다니는 통학생들이 수업 끝나고 집에 갈 때쯤 출출하게 허기진 배를 채우는 식량 창고 구실도 하였다. 이 밭에는 나의 애환이 곳곳에 묻어 있다.

큰형, 둘째 형이 국민학교만 졸업하고 서울로 돈 벌러 갔고 나중에 죽은 셋째 형마저 중학교만 졸업하고 탈출했다. 따라서 집안 농사의 고단한 일은 누나와 나의 몫이었다. 물론 부모님의 비중이 가장 컸겠지만. 겨우내 소에게 짚을 먹이고 여물을 먹여 그가 생산한 배설물을 모았다가 봄 아지랑이가 피어날 때쯤 바지게에다 거름을 지고 그 먼 밭까지 날라야 했다. 맨몸으로 걸어 다녀도 힘들 판에 몸무게의 절반 이상 되는 거름을 져다 나르기를 하루에 서너 번씩 했으니 기진맥진하는 것은 당연한 일이었다.

그리고 고구마 수확도 힘이 들었다. 고구마 줄기 걷어내는 것도 보통 힘든 일이 아니다. 고구마 줄기는 잘 말렸다가 짚과 함께 작두로 썰어 겨우내 소죽을 쑤어 소에게 먹였다. 소가 좋아하는 양념 같은 재료이다. 그다음은 아버지는 소를 부려가며 쟁기로 고구마 이랑을 파헤쳐 나간다. 나는 그 뒤를 따라가며 고구마를 주워냈다. 그건 다음 쟁기질로 땅에 묻히지 않도록 한쪽으로 주워내야 하기 때문이다. 허리가 끊어질 것 같지만 '아이구 허리야' 했다가는 아버지께 핀잔 들을 것이 겁나 아무 소리도 못 했다. '어린놈이 어른 앞에서 버르장머리 없는 소리 한다'는 지적이 예상되었기 때문이었다.

가을의 어느 날이었나 보다. 전날 아버지께서 쟁기로 고구마를 캐고 난 그 뒤를 따르며 고구마를 줍고 나중에 한 무더기씩 여러 무더기로 밭에 모아놓은 고구마를 집으로 날라야 했다.

그날도 아침 일찍 아버지께서 깨우셔서 리어카를 끌고 쾌방골에 있는 밭으로 갔다. 소쿠리로 고구마를 리어카에 담아 집으로 오는데 덕치에 사는 애들과 마주쳤다. 네댓 명이 같이 수다 떨면서 등교하던 여학생들인데 그중에 하미옥이의 큰 눈과 마주쳤다. 하미옥이는 중학생 교복의 카라가 유난히 하얗다고 생각되는 여학생이었는데 키가 작고 말소리도 작게 했으며 초등학교와 중학교를 같이 다녔어도 말 한마디 섞어보지 않았던 사이고 그렇다고 특별한 연정을 지닌 대상도 아니었다.

그런데 그 조그마한 계집애의 큰 눈과 딱 마주쳤다. 그 애들도 집에 가면 나처럼 흙 묻은 일복(작업복)으로 일을 할 테지만 이 순간은 깨끗한 교복 입은 여학생과 형들에게 물려받은 옷에 일하느라 너덜너덜 꾀죄죄한 옷을 입고 있는 나와의 극명한 대조.

쥐구멍에라도 들어가고 싶었다. 고개를 푹 숙이고 길만 쳐다보며 고구마 가득 실은 리어카를 힘든 줄 모르고 끌고 갔다. 왜 하필이면 마주치게 되었을까?

상대방은 아무 생각도 없는, 별것도 아닌 걸 가지고 혼자 확대 해석하여 부끄러워하고 수줍어했던 나의 사춘기 한 조각은 솔태 뻔덕에서 동네 구판장 사이 염씨네 제각(祭閣) 즈음에 박혀 있다.

성격

 초등학교 1학년에게도 이성에 대한 사랑의 감성이 찾아올 수 있을까. 가슴이 두근거렸었다. 안 보이면 자꾸 찾게 되었다. 내 속마음을 누가 눈치챌까 봐 전전긍긍했었고 자꾸 거울을 보며 스스로 초라해지는, 그래서 심연으로 가라앉는 기분에 빠져보기도 했었다. 이런 감정이 들 때를 보통 사춘기라고 하던데 그렇다면 나는 사춘기가 남들보다 몇 배는 길다.

 초등학교 3학년 때인지 4학년 때인지 확실히 짚어낼 수 없지만 패티킴의 '이별'이란 노래가 자주 라디오에서 흘러나왔고 나는 몇 번을 반복하여 따라 적기를 했다. 우선 적을 수 있는 데까지 따라 적고 다음에 빈칸을 채우는 식으로 반복하여 가사를 완성 시켰고 가사가 거의 완성 단계가 되면 그 노래를 얼추 알게 되었다.

그리고 좋아서 따라 부르다 보면 갖은 감정과 상상력이 보태졌다. 초등학교 3~4학년짜리가 이별이 주는 정서를 어떻게 안다고 노래를 부르다가 외로워지고 급기야 목이 메어 눈물 한 방울 툭 떨어뜨렸을까. 지금 생각해 봐도 기특한 건지 되바라진 건지 분간이 쉽지 않다.

도산초등학교 정문 앞에 일제강점기에 심었다는 오래된 벚나무가 있었다. 벚꽃 좋아하면 일본 놈이라 놀려 바깥으로 드러내지 못했지만, 꽃이 만개했을 때 우리 엄마 나들이옷처럼 하늘하늘한 연분홍빛에 젖어 황홀해했었다. 살아오면서 내 얼굴이 전투적으로 생겼다는 이유로 남들로 하여금 동정심을 유발케 해본 적이 없다. 그러나 생긴 거와 달리 맘이 참 여리다. 외로움도 많이 타고. 그 나무 아래서 저녁 무렵 패티킴의 이별을 눈물이 날 정도로 구슬프게 불렀는데 어떤 아이가 생각나서 부른 것 같은데 확실치는 않다.

어렸을 때 남들 앞에 나서는 것이 몹시 두려웠고 떨렸다. 그런 자리가 부담스러웠지만 내 성격과는 다르게 자꾸 남들 앞에 서야 하는 경우가 생겼다. 아마 내가 수줍어하고 피하다 보니 담임 선생님께서 그런 성격을 고쳐 주시려고 반장이나, 웅변대회 연사 같은 것을 시켰는지도 모르겠다. 참고로 지금은 그렇지 않다.

오히려 즐기는 편이다. 어떤 집회에서도 사회자가 한 말씀 권할 때 사양해 본 적이 없고 오히려 권하면 못 이기는 척해야 할 텐데 오히려 왜 안 시키나 조바심 낸다. 내 성격이 대중 앞에 조금 나서는 방향으로 바뀌었다면 교육의 힘이라 말하고 싶다.

중학교 가서는 반장 자리도 피하고 학급 임원 자리도 피했는데 3학년 때 김동우 담임 선생님께서 반장을 또 시키셨었다. 45년이 지난 뒤 알게 된 사실인데 김기균이 말하기를 자기가 한 달 동안 반장 하다가 아버지의 전근에 따라 고성 동중학교로 전학 갔다고 했다. 아마 그 공백의 반장 자리에 임명된 것이리라.

그런 나이기에 초등학교 때에는 좋아하는 여학생이 있을지라도 근처에 간다든가, 남들이 눈치채게 노골적으로 쳐다본다든가, 더군다나 내 심정을 고백한다는 건 내 상상 밖의 일이었다. 그러나 비밀이 새지 않는다는 가정하에서는 난 참 대담했다. 온갖 상상을 다 했으니.

그래서 한 여학생을 좋아하다가도 그 여학생이 나에게 관심이 없어 보이거나 다른 동무에게 더 관심을 보이면 난 자포자기하며 며칠을 괴로워하다 외모로 볼 때 나에게 관심이 없는 것이 당연하다 결론짓고 또 만만한(?) 여학생을 물색하곤 했다. 누가 내 맘을 읽는 사람이 있었다면 나에게 어떤 조언을 해 주었을까.

돌이켜보면 짝사랑은 슬프지만, 장점이 많다. 첫째로 선택의 폭이 넓다는 점이다. 내 맘대로 대상을 선택할 수 있다. 두 번째 거절당할 염려가 없다는 점이다. 세 번째로 경제적이고 남에게 발설하지 않는다면 놀림감이 안된다는 안도감을 준다. 그러나 늘 슬픈 감성에 사로잡혀 스스로 초라해진다는 점이 단점이다.

지금도 노래를 좋아하는데 밝은 노래보다는 단조 가락의 슬픈 노래를 더 좋아한다. 슬픈 노래를 좋아하면 요절한다는 말이 있어 일부러 피하기도 했지만, 정서상 슬픈 노래가 더 잘 어울렸고 노래방에서도 즐겨 불렀다. 애절한 노래를 부를 때는 누군가가 상황에 맞게 떠올려지고 그래서 흐릿했던 상상이 구체화 되고 그러면 더 노래가 애절해지고.

차도균의 '낙엽 따라가 버린 사랑', 김정호의 '이름 모를 소녀, 하얀 나비', 유재하의 '사랑하기 때문에', 김광석의 '너무 아픈 사랑은 사랑이 아니었음을' 등은 낙엽이 지는 가을이 되면 혼자라도 노래방 찾아가 한 번쯤 불러보는 노래들인데 공통점은 요절한 가수들이 부른 노래다. 걱정스럽긴 하지만 환갑 진갑 다 지났는데 요절은 아니지 않은가.

이런 노래들은 고향 떠난 나의 외로움과 이루지 못한 사랑에 대한 그리움과 잘 어울렸다. 내 취미 중 또 하나는 글을 끄적거리는 것인데 글들을 모아뒀다가 읽어보면 주제는 외로움과 그리움이 많다.

성격을 바꾸기는 힘들다고 말들 하지만 그래도 다른 환경에 자주 노출되다 보면 그 환경에 맞게 변해가는 것이 아닌가. 다만 수줍음이 많았던 지난 성격이 대중들 앞에 나서길 좋아하는 요즘 성격보다 좋다, 나쁘다는 평가는 하지 않으련다.

소풍

　　　　　　　　　　　　　　소풍날은 초등학교 때 가장 신나는 날이다. 운동회 날과 막상막하인가? 교실에서 꼼짝 못 하고 수업받는 것보다 몇 배 좋은 것은 사실이다. 누구는 설레어서 잠을 못 잔다고 하던데, 나도 그와 비슷할 만큼 좋았다. 일단 도시락 반찬이 평소와 다르게 고급스러워지고 교실 감금에서 풀려나고 화창한 봄날을 만끽할 수 있다.

　6학년 봄 소풍이었나 보다. 도산초등학교 전체 학생들은 오륜동 어느 곰솔밭으로 소풍을 갔다. 학교에서 교장선생님의 긴 연설을 듣고 난 뒤 오륜동까지 줄을 서서 군인들이 행군하듯이 걸어서 갔다. 오륜동은 학교가 있던 면 소재지에서 3킬로미터는 족히 떨어져 있었다. 그리고 비포장도로. 오륜동의 바닷가는 파도에 씻겨 바위가 드러나고 바위 위쪽으로 노송이 듬성듬성 자리를 잡고 있는데 맑은 바닷물 그리고 갯바위와 노송은 꽤 운치가 있었다.

5월은 푸르다는 둥, 우리는 매일 푸르게 자란다는 둥 선생님들은 행군 도중에 노래 부르기를 강요하셨고 우리는 목청이 터져라 꽥꽥 노래를 불렀다. 뜨거운 태양 아래 땀을 흘리면서 먼 거리를 걸어갔다. 출발할 때는 즐거웠던 소풍 길이 점점 힘들어져 갔고 급기야 짜증스럽기 시작할 무렵 우리는 목적지에 도착할 수 있었다.

도착하자마자 잠시 숨을 고르고 인원 점검을 마치고 난 뒤 바로 점심시간이 주어졌다. 소풍의 가장 즐거운 순간이 펼쳐진 것이다. 그런데 반장인 나는 갑작스레 큰 걱정거리가 생겼다. 다른 반 반장들은 자신의 담임 선생님께 준비한 도시락을 건네는 것이다. 아뿔싸, 나는 내 도시락만 들고 왔는데. 그것도 평소에는 도시락 반찬으로 김치만 싸 다니다가 오늘은 특별히 어머니께서 계란 반찬을 주셔서 그것 먹을 생각으로 다른 생각이 끼어들 틈이 없었는데. 아뿔싸! 이런 변고가.

그때는 학부모회나 육성회에서 선생님들의 점심을 챙겼겠지만 내 생각엔 반장인 내가 담임 선생님 도시락을 준비하지 않았으니 우리 담임 선생님은 굶을 수밖에. 그 순간부터 안절부절못

하였고 어떻게 해야 할지 몰라 머릿속이 하얘졌다.

그렇게 잠시 허둥대다가 무엇인가를 사서 드려야 한다는 생각이 스쳐 지나갔다. 마침, 날이 더워지기 시작하는 5월 초순이었고 걸어서 오륜동까지 5리 이상을 갔으니 당연히 목이 말랐다. 그리고 평소에 실컷 먹어봤으면 하고 소원했었던 코카콜라가 생각났다.

코카콜라 한 병을 사드려야 한다. 소풍 때마다 어찌 알고 귀신같이 따라오는 행상한테 가서 코카콜라 한 병값이 얼마냐고 물어보니 40원이라고 했다. 또 아뿔싸! 내가 군것질을 위해 타온 돈 전부가 40원인데 나를 위해 1원도 못 쓰고 다 바친다. 조금 억울했다.

갹출! 물론 당시는 갹출이라는 말은 내 언어사용 범주에 들어있지 않던 말이고 뜻이 그렇다는 것이다. 그래서 반장으로서 반 친구들에게 사정을 얘기하고 코카콜라 한 병값이 40원이니 5원씩 보태라고 강권하였다. 지금 생각해 보면 금품 갈취일 수도 있지만 적은 액수인지라 용서받을 듯. 당시 나는 학교에서 지급하는 빵을 분배하는 막강한 권한을 위임받고 있었으니, 불만이 있다 할지라도 표현 못 했으리라. 곧바로 7~8명의 동조로 콜라 한 병값이 마련되어 행상 아저씨에게 달려가 냉장도 되지 않은 미적지근한 콜라 한 병을 샀다. 크게 안도하면서.

그리고 부반장과 함께 담임 선생님을 찾아갔는데 담임 선생님께서는 받지 않으시고 "너희나 먹어"라고 하셨다. 그 말씀을 하시면서 씁쓸하고 실망스러운 표정과 말투가 더 이상 코카콜라를 권할 수 없게 만들었다. 물론 순전히 어린 나의 느낌이지만. 조금 망설임 뒤에 콜라 한 병을 들고 부반장과 함께 친구들이 있는 곳으로 돌아왔다.

많은 사람들이 보는 앞에서 '뇌물'을 드렸기 때문일까. 아니면 반장이라는 놈이 도시락 준비도 안 했다고 화가 나서서 그랬을까. 그리고 보면 그동안 전교 어린이회장이 되면 전체 선생님들을 집으로 모셔서 대접하는 것이 관례였다는데 그것도 담임 선생님께서 어머니에게 전달하라고 두서너 차례 귀띔을 해주셨는데도 내가 어머니께 말씀드리면 그때마다 어머니께서는 확답을 주지 않으셨다. 그러나 어머니께서 확답하지 않으신다고 담임 선생님께 말씀드리기도 어려웠다.

친구들에게 돌아오는 길에 많은 생각들이 스쳐 갔지만 일단 친구들과 코카콜라 한 병을 어떻게 할 것이냐를 의논하는 순간 걱정들은 말끔히 사라지고 오직 달달한 코카콜라 한 방울 마시는 것만 머릿속에 남았었다. 돈을 낸 사람끼리 공평하게 한 모금씩 마시기로 합의를 본 후 병을 따려는데 병따개가 없었다. 이런 젠장!

지금 같으면 콜라를 판 행상한테 가서 따 달라고 하면 될 일을 그때는 어른께 말한다는 것이 어찌 그리도 어렵고 쑥스럽든지. 그래서 우리는 돌 모퉁이에다 걸어서 뚜껑을 따려고 시도했다. 서너 번의 시도 끝에 병뚜껑이 닫힌 채로 병 모가지가 뎅겅 부러졌고 그 아까운 콜라의 반 이상을 잔디가 마셔버렸다.

그래도 남은 그 귀하디귀한 콜라를 한 모금씩 서로 눈치 줘가며 돌려 마셨고 그 콜라의 달짝지근한 맛은 당황스러웠던 그 순간과 함께 가끔 나를 찾아온다.

송충이 잡기

 산이 벌거벗었었다. 아니다. 정확히 말하면 산이 벌거벗겨졌었다. 물론 한국전쟁 중에 산불이 나서 나무가 타버린 이유도 있겠지만 땔감으로 신탄(나무)을 이용했기 때문에 산에 나무가 제대로 자라기 힘들었다.

 임자가 있는 산은 그래도 나무가 우거져 있었지만, 국가 소유의 산이나 마을 공동 산 혹은 문중 산은 해발고도가 높은 곳 외에는 꼭대기까지 흙이 드러나 있었다. 나무를 베고 난 그루터기마저도 파서 땔감으로 다 썼다.

 끌티(그루터기)를 하러 산에 갈 때는 바지게를 지고 도구로는 괭이를 가지고 갔다. 산을 헤매다 끌티를 발견하면 괭이로 몇 번 내리치다가 주변을 파서 잔뿌리를 끊고 끌티를 바지게에 담았다.

땔감은 주로 겨울에 해서 집 근처에다 차곡차곡 쟁여 놓거나 나뭇가지로 울타리를 만들었다가 나무가 마르면 땔감으로 쓰고 또 새 가지로 울타리를 만들곤 했다.

아무리 공동 산이라 해도 소나무는 중히 여겼다. 소나무 가지는 쳐서 땔감으로 사용해도 나무 전체를 베지는 않았고 누군가 소나무 전체를 베는 사람이 있으면 수군거림을 당해야 했으며 공동체의 규칙을 어기는 사람으로 따돌림을 당했다. 잔치를 앞두고 있어 장작이 필요하다 해도 대낮에 소나무를 베어서 장작을 만들지는 못하였다. 이웃의 눈이 무섭기도 하였고 당시 산림청에서 강하게 규제한 영향도 있었다.

소나무 외의 나무들은 거리낌 없이 베어서 땔감으로 썼기 때문에 소나무는 다른 활엽수와 햇빛 경쟁 없이 지금보다 오히려 잘 자랄 조건이 갖추어졌던 셈이다. 소나무는 메마르고 척박한 땅에서도 잘 자라지만 잔뿌리가 적어 옮겨 심을 때는 고도의 기술이 필요하다. 분재를 하는 사람들 사이에서는 소나무 분재를 만들 정도면 그 기술을 인정한다고 한다.

이렇게 사람으로부터 귀하게 대접받는 소나무를 망치는 벌레가 있었다. 이 벌레는 솔잎만 갉아 먹었다. 그래서 당연하다고 표현할 때는 혹은 자신의 영역이 아닌 일을 했을 때는 "송충이는 솔잎만 먹는 법이다"는 격언이 사람들의 언어사용에서 자주 인용되곤 했는데 세월이 흐르고 시대가 소나무의 중요성이 사라지게 변하다 보니 그 말의 쓰임도 줄어들었다.

    요즘 아이들은 송충이를 못 봤을 것이다. 그래서 풀잎을 갉아 먹는 풀벌레나 풀쐐기를 보고 송충이라고 한다. 송충이는 크기가 누에만 했다. 생김새도 누에를 똑 닮았다. 그리고 나방이 되기 전에 실을 뽑아서 고치를 짓는다. 그리고 그 안에서 나방이 되고 가을이 되면 고치를 뚫고 나와 솔잎에 알을 붙여 놓고 일생을 마감한다. 알은 겨울이 되기 전에 작은 애벌레로 작은 돌 밑이나 풀숲에서 겨울을 난다.

    익히 알고 있는 것처럼 누에의 고치는 나방이 뚫고 나오기 전에 삶아서 실을 풀어낸다. 나방이 고치를 뚫고 나오면 실이 끊어져 이용할 수가 없다. 그리고 이 실을 명주실이라 하고 이 실로 짠 천을 비단이라 한다. 이때 나방이 되기 전 번데기는 우리의 주요 단백질 공급원으로 겨울 포장마차 혹은 어묵 파는 곳에서 고깔처럼 만든 종이에 넣어 판다. 징그럽다고 안 먹는 사람도 있지만 고소한 맛이 미각을 돋운다. 그러나 소나무에 붙어 있는 송충이 고치는 침으로 무장되어 있어서 건드리기도 어려울뿐더러 인간 생활에 이용했다는 소릴 들어보지 못했다.

이렇게 송충이는 누에와 똑같은데 두 가지 점에서 차이가 있다. 첫 번째 누에는 맨살인데 송충이는 누런색 호랑이 무늬나 회색의 백호 무늬의 잔털을 가지고 있다. 내가 다니던 도산초등학교에서도 양잠을 하였다. 양잠실의 기온은 상온보다 높았는데 그것은 누에가 옷을 입지 않아 추위에 약해서 그랬을 것이다. 또 하나는 누에는 없지만 송충이는 머리 부분에 적을 공격하고 막는 무수한 침을 가지고 있다. 이 침이 우리의 피부에 닿으면 피부를 파고든다. 그러면 피부가 부풀어 오르며 미치도록 가렵다.

국가적 차원에서 산림녹화 사업을 펼치는데 송충이가 솔잎을 다 갉아 먹어 소나무를 죽이니 송충이를 없애야 할 필요성이 있었다. 송충이를 잡으려면 막대한 노동력이 필요했지만, 걱정할 게 없었다. 언제나, 상시적(常時的)으로 그리고 공짜로 부려 먹을 수 있는 노동력이 있었으니, 군인과 학생 노동력이었다.

몇 번이나 송충이잡이에 동원됐는지 정확하게 기억할 수는 없다. 초등학교 고학년이었을 것이다. 담임 선생님의 말씀에 따라 송충이를 잡을 집게와 송충이를 담을 깡통을 만들었다. 학교 운동장에 모여 학교 뒷산으로 줄을 지어 갔다. 그리고 우리는 송충이의 침에 쏘여가며 송충이를 잡았고 우리의 피부는 울퉁불퉁 엉망이 되었다. 어떤 애는 얼굴에 쏘여 얼굴 전체가 비뚤어져 동무들에게 큰 웃음을 주기도 하였다.

그 후로도 송충이는 나의 애국심을 발동케 했다. 소 먹이러 갈 때마다 송충이를 소나무에서 떼어내 밟아 죽였다. 사람들 생각에 뱀과 송충이는 생명체라는 존귀함이 없었고 징그럽고 해로운 동물이라는 생각이 지배적이었다. 그래서 나도 자비를 베풀어 본 적이 없는 것 같다.

언젠지는 정확하게 기억나지 않는 늦봄인지 초여름인지 아무튼 그 정도의 어느 날, 헬리콥터 한 대가 우리 동네 산뿐만 아니라 옆 동네 산으로도 날아다니며 하얀 액체를 뿌려 대었다. 물론 안내 방송도 없었다. 나중에 들은 얘기로 송충이를 죽이는 살충제라고 했다.

그 후로 그 많던 송충이는 없어졌다. 신기할 정도로 한 마리도 볼 수 없었다. 그때 그 살충제로 인해 생태계 교란이 생겼다는 얘기도 못 들었다. 박정희 대통령 시절엔 국가에서 하는 일에 토를 달면 안 된다는 것쯤은 어린 우리도 알고 있었다.

심술

 선후배를 엄격히 따지는 나라가 우리나라 외에도 있나 모르겠다. 1살 차이에도 분명히 따진다. 1살이라도 어린 사람이 형이라고 해야 비로소 그를 받아들인다. 그렇지 않으면 사이가 서먹해진다. 이것도 일종의 서열 매기기이다. 어릴 때부터 놀아도 동갑네끼리 놀았고 입학도 동갑네끼리 하였다. 그래서 어릴 때부터 동갑네끼리는 강한 유대감 가지는 습관이 형성되었다. 남자들은 학교도 군대도 나이 별로 받아들였으므로 그런 관습은 더욱 강화되었다.

 내가 8살이 되던 3월 초인가 보다. 동네에서 같이 놀던 동무들이 사라졌다. 어디로 갔을까. 집집마다 찾아가서 놀자고 해도 대답이 없었다. 지법에서는 하태문, 하태원, 하태준이 나와 늘 싸우면서 놀던 동갑내기들인데 하루아침에 사라져 버렸다. 그리고 집들이 텅 비어 있었다. 누구라도 있으면 물어볼 텐데, 그날따라 식구들도 없었다. 어디들 갔을까. 이상하다고 생각하며 집으로 와서 엄마한테 칭얼거리다 야단만 맞았다.

점심을 먹고 골빼미 논으로 갔는데 동네 애들과 함께 3명이 있었다. 이 세 명은 하태문과 죽은 하태원이가 4촌간이고 하태준이는 이들과 6촌간이다. 내 동갑내기들인데 입학한 것이었다.

가슴에는 하얀 손수건을 핀으로 고정시켜 달고 있었다. "너들 오데 갔더노?" 그러자 하태문이가 "우리 입학했다 아이가 니는 와 안 했노?" "내는 그런 말 움던데 그런데 이팍이 뭐꼬?" "학교 가는 기다" 나는 더 이상 물어보지 않았다. 입학을 시켜주지 않은 아버지가 원망스러웠지만 한편으론 '다행이다'라는 안도감도 들었다. 왜냐하면 입학은 아픈 것이라 생각되었기 때문이었다. 말하는 태문이의 앞 이빨이 없었다. 입학은 이를 꽉하고 뽑아버리는 것이라 단정했다. 그 증거로 그들의 가슴에는 하얀 손수건이 매달려 있었다. 아마도 피를 닦았을지도 모르는.

한편으로는 생이빨을 뽑으면 무지 아플 것 같았는데 그래도 사내대장부는 힘든 것을 참아낼 수 있어야 한다는 암묵적이고 약간 강압적인 사회적 합의가 있던 때라, 그리고 남들도 다 통과했기에 두렵긴 하지만 나도 할 수 있을 것 같았다.

앞으로 3명이 학교 가버리면 누구하고 놀아야 하나. 걱정되어서 학교 보내달라고 떼를 썼지만, 아버지의 방침을 바꾸진 못했다. 그리고 아버지가 어려워서 방침을 꺾을 만큼 떼를 쓰지도 못했다. 아버지는 3명의 형들과 1명의 누나를 모두 9살에 입학을 시켰는데 나도 그렇게 하셨다. 이유는 물어보지 못해 모른다. 내가 학번이 1년 늦다는 이유로 동갑내기들에게 어린애(?) 취급당한 걸 생각하면 여쭤봤을 텐데.

그래서 그해 난 입학 못 하고 친구가 없어 국인이, 상안이와 함께 놀게 되었다. 국인이와 상안이는 사촌간이고 둘은 단짝이었고 나하고는 칠촌간인데 둘은 나를 피했다. 그동안 둘만이 놀았는데 내가 갑자기 끼어들어 같이 놀라고 하니 어색하기도 했을 것이다. 소 풀 뜯길 때도 둘은 안산으로 갔고 나는 동네 전체 애들과 함께 괘방골로 갔다. 땔감을 하러 갈 때도 나는 우리 산 근처 괘방골로 갔는데 둘은 안산으로 갔다.

성격으로도 국인이는 꾀를 잘 내었는데 그것이 못마땅해 내가 국인이를 많이 괴롭혔다. 동네 애들에게 국인이와 놀지 말라 하고 없는 얘기도 지어내어 험담도 했으며 국인이를 괴롭히는 데 많은 역량을 집중하였다. 아마도 국인이는 괴로워서 자기 엄마에게 일러바쳤겠지만, 국인이의 어머니는 나의 집안 형수뻘이니 아무리 어리다 하더라도 도련님인 나에게 안 좋은 말을 할 수 없었을 테고, 그 괴로움은 중학교 갈 때까지 계속되었을 것이다. 초등학교 5학년 때 어쩌다 국인이가 "내는 동래골 사는 규숙이가 참 좋다"라고 마음을 발설한 일이 있었는데 나도 마음속으로 좋아하던 터라 "내가 좋아하는데 니가 좋아하모 되나?" 하고 바로 싹을 잘라버렸다.

중학교 때부터는 내가 국인이에게 마음을 열었다. 마음을 주어야겠다고 작정한 것은 아닌데 마음이 넓어지고 있던 시기라 생각된다. 그러나 국인이의 마음은 좀처럼 열리지 않았다. 나만 보면 피했다. 그럴 것이다. 때리진 않았지만 얼마나 괴롭힘을 당했는데 쉽게 마음의 문을 열 수가 있겠나.

그에 반해 상안이에게는 잘했다. 교활한 이간책일 수도 있지만 꼭 그런 이유는 아니고 상안이는 매사 이해관계를 재면서 행동하지는 않았고 자기주장도 강하지 않았다.

이후 국인이는 울산에서 고생고생하다가 고향으로 돌아왔다. 통영 시내에서 냉동 어물 판매로 기반을 잡아서 잘 살고 있고 중학교 동창회 행사 때도 큰돈을 기부하는 통 큰 행동을 보인다. 상안이는 울산 현대자동차에서 정년퇴직하고 나서도 그냥 놀기는 심심하다며 교대로 야간 경비를 하고 있다. 이 둘을 비롯해서 같은 동네에서 자랐고 같이 늙어가고 있는 복순이, 호숙이, 문도, 기균이, 선옥이 등과 1년에 두 번씩 계모임을 고향인 통영에서 가지는데 만나면 어릴 적 얘기로 시간을 보낸다.

옷

"움마 이 옷 안 입으면 안 되나?" 나는 등교하면서 어머니께 내 의견을 전달했다. "와?" 어머니는 대수롭지 않게 대답했다. "좀 이상한 것 같아서 안 그라나" 입고 있던 옷을 손으로 잡아당기며 재차 옷을 입지 않겠다는 의사를 표현했다. "문디자슥 호강에 겨워 요강에 똥 싸고 자빠졌네. 얼른 학교나 가라. 잔소리 고만하고" 나는 직감적으로 더 이상 얘기해 봤자 소용없다는 것을 깨닫고 터덜터덜 등굣길에 올랐다.

어머니께서 지난 추석빔으로 사 오신 옷인데 오렌지색 상의는 꽃무늬가 가득하고 아래 반바지는 흰색 바탕에 남색 줄이 세로로 새겨진 옷에다 옆으로 리본이 달려 있었다. 포플린 재질의 가벼운 천으로 만들어졌는데 한마디로 이쁘게 디자인된 옷이었다.
 소품종 대량생산의 시대라고 우리 동네 꼬맹이들의 옷은 철마다 비슷비슷하였다. 여자애들의 옷도 마찬가지였는데 남자애들과 구분되는 점은 색깔이었다. 남자애들은 대개 검은색이나 청색 계통의 옷을, 여자애들은 빨간색이나 분홍색 아니면 노란색 계통의 옷이었다.

 우리 동네 솔태뻔덕에는 베 장수라고 불리는 혼자 사시는 아주머니가 계셨다. 솔태뻔덕 중에서도 창수네 블록공장이 있던 길가에 집이 있었다. 이분은 혼자 살고 계셨다. 그분의 가족을 본 적이 없었다. 자세한 것은 모른다. 고성읍이나 충무시에 가족이 있고 옷 장사를 위해 우리 동네 상주하고 계셨을 수도 있다. 그분은 직업으로 옷감을 시내에서 끊어다 팔기도 하고 옷도 팔기도 하셨다. 그분의 시장범위는 법송 1, 2, 3구, 관덕 1구와 노전까지 담당하고 있었다. 물론 오일장이 열리는 날 부모님들은 고성 장날이나 충무 장날에 구입하기도 하셨다. 어머니는 밤에 가끔 그분께 마실도 가시고 옷도 사 오셨는데 나는 그 혜택을 받지 못하고 형들은 어쩌다 새 옷을 얻어 입었다.

 추석빔으로 내 새 옷을 사 오셨을 때 이상하다 생각은 했지만 딱히 집히는 바는 없었다. 그 옷을 입고 학교로 갔다. 동무들도 좀 이상하다 생각은 했겠지만 내게 이상하다고 직접 얘기하는 동무는 없었다. 그때는 옷을 한번 입으면 땀이 나서 옷이 젖든,

흙이 묻어 더러워졌든 한 계절이 다 가도록 입었다. 땀이 나서 젖은 옷은 시간만 가면 마를 테고 흙이 묻어 더러운 옷은 남들도 그러하니 크게 신경 쓸 일이 아니었다. 그런데 이상하게도 그 옷만 입으면 여학생 근처도 못 갔다. 여학생들이 공기놀이하거나 고무줄놀이하면 훼방 놓으러 가야 하는데 쭈뼛쭈뼛 발걸음이 떨어지지 않았다.

나는 싫을지라도 부모님의 지시를 정면으로 거역하지 못하는데 3살 위의 개띠 형은 달랐다. 자기가 싫다고 하면 나머지 가족들은 더 이상 강요 못 했다. 나는 초등학교 3학년에 다니고 있었고 형은 6학년에 다니고 있었다. 나는 형이 그 옷을 입지 않겠다고 어머니와 실랑이를 벌였는지 모른다. 내 옷에다 형의 옷까지 내게 왔으니, 그리 짐작할 뿐이다.

며칠이 흘러갔고 난 여전히 그 옷을 입고 학교에 다니던 어느 날이었다. 동래골에 사는 규숙이가 나와 똑같은 옷을 입고 학교에 왔다. 순간 그 옷을 입을 때마다 약간 찜찜했던 기분의 이유가 말끔히 해소되면서 난 쥐구멍에라도 들어가고 싶었다. 여자 옷이었던 것이었다. 그걸 긴가민가하면서도 확신하지 못했던 나에게 규숙이는 말없이 답을 던졌던 것이었다.

여자를 무시하는 것이 남자다움의 상징으로 여겨졌던 때 사내대장부로 자라는 것이 꿈이었던 내가 여자 옷을 입고 학교에 다녔다니 하늘이 노래지고 어머니가 원망스러웠다.

규숙이는 하던 대로 행동했을 테지만 생글생글 웃는 모습이 마치 나를 놀리는 것 같았다. 그리고 자꾸 내 근처로 오는 듯하여 안절부절 어쩔 줄 몰랐다. 내가 힘이 약했더라면 틀림없이 같은 반 머슴애들의 놀림거리가 되었을 터 그러나 누구 하나 놀리진 않았다. 만약 놀렸다면 규숙이도 같은 놀림거리가 되어야 하는데 규숙이는 우리 반 남학생들의 짝사랑 대상이었으므로 놀리지 못했을 수도 있다.

  되도록 옷의 적은 부분만 노출하기 위해 책상에 엎드렸다. 식은땀이 등으로 흘렀다. 얼른 수업 시작종이 울리길 바랐으나 그날따라 쉬는 시간이 길었다. 화장실 가는 척하고 후다닥 교실 밖으로 뛰어나갔다. 조금 있으니 수업 시작종이 울리고 선생님께서 들어오시기 직전 교실로 들어갔다. 다행히 반 친구들은 나에게 시선을 집중하진 않았다. 그날은 수업이 어떻게 진행되었는지 배운 내용이 무언지 나의 관심 사항이 아니었다. 한시바삐 하교하여 어머니에게 이 옷을 절대로 입을 수 없다고 따질 생각뿐이었다.

  이윽고 하교 시간이 되었다. 쏜살같이 교문으로 내달아 집으로 갔으나 어머니는 안 계셨다. 집에 계실 리가 없었다. 농사짓느라 눈코 뜰 새 없이 바쁜 시간인데. 강력한 항의를 품고 집에 도착했으나 내가 할 일이 바빴다. 소를 돌봐야 했기 때문이다. 산에 매여져 있는 소를 몰고 와야 했고 꼴도 베어 놔야 했다. 요즈음 초등학교 3학년에게 시퍼렇게 날 선 낫을 주며 소 꼴 베어

오라고 시키는 부모는 없을 것이지만 우리는 그러면서 자랐다.

저녁에 어머니께 볼멘소리로 그 옷을 입지 않겠다고 했지만, 오히려 핀잔만 듣고 또 좌절하고 말았다. '이 옷은 여자 옷이다'라는 '큰 깨달음'을 얻은 이후로도 그 옷을 입을 수밖에 없었고 그 옷을 입은 날은 힘없이 살았다.

용의 검사

　　　　　　　　　　　　통영의 겨울은 그다지 춥지 않았다. 그래서 눈다운 눈 한번 내리지 않았고 그나마 내리던 눈도 빗방울로 변하기 일쑤였다. 얼음 또한 제대로 얼지 않았을 뿐만 아니라 얼었다 하더라도 아침 햇살이 퍼지면 바로 녹기 시작했다. 그래도 지금처럼 입성이 변변치 않고 가끔 한파가 몰아칠 때는 매서운 겨울 추위를 체감하곤 했었다.

　설 명절이 다가오면 전날이나 전전날에 어머니께서 소죽 쑤는 가마솥에 물을 한가득 끓여서 바로 위 개띠 형과 나를 목욕시켜 주셨다. 집 뒤란 감나무 밑에서 큰 고무대야를 갖다 놓고 뜨거운 물을 부은 다음 찬물을 타서 온도를 조절했다. 온도가 적당해지면 형과 나를 차례로 씻기셨다.

 목이나 겨드랑이에 있는 때를 밀 때 우리는 간지러워 웃음이 나면서 몸이 저절로 외틀어졌다. 그러면 어머니는 등짝을 찰싹 때리시면서 "아이고, 무시라 이 때 봐라, 까마구가 생(형)이야 하것다" 하시면서 팔을 더욱 세게 붙들어 꼼짝 못 하게 하시고 몸을 씻기셨다. 그러나 얻어맞아도 간지럽고 몸이 뒤틀리는 걸 참을 수 없었다.

 설 전날 목욕을 시키는 것은, 거지처럼 꾀죄죄한 모습으로 조상님을 대해서는 불경스럽다는 거였고 또 명절에 일가친척들을 만나니 당신의 자식이 친척들의 자식에 비해 더 꾀죄죄하면 애들 돌보지 않는다고 속으로 한마디씩 할 것 같다는 우려도 있었을 테고, 따로 말씀은 안 하셨지만, 명절빔으로 새 옷을 입는데 목욕하지 않아 더러우면 새 옷 입은 티가 나지 않는 것도 목욕시키시는 이유였을 것이다.

 그러고 보면 여름 멱 감을 때 외에는 따로 목욕하지 않았다. 여름방학 끝나고 아침, 저녁으로 찬 바람이 불기 시작하여 물에 들어가기 싫을 정도가 되면서부터 몸에 물을 묻히지 않았고 목욕탕에 가려면 충무시나 고성읍으로 버스를 타고 가야 하는데 번거롭기도 하고 돈이 들어서 목욕 가지 않았다. 그러니까 다음 해 여름이 돌아와 더위 때문에 멱 감기 전에는 몸에 물을 묻히지 않는 것이고 설 전날 딱 한 번 목욕하는 셈이었다.

옷도 날씨가 쌀쌀하여 겨울옷을 한번 입으면 설날에 빔으로 새 옷을 입든지 아니면 봄이 와 벗을 때까지 갈아입지 않았다. 그리고 갈아입을 옷이 없었다. 조금 살림이 넉넉한 집 애들은 내의를 입었지만, 아이들 대부분은 가을에 입던 옷 위로 점퍼나 스웨터 하나 더 걸치는 정도로 겨울을 지내다 설 명절에 새 옷을 입고 나머지 겨울을 보냈다. 그리고 새봄이 오면 설날부터 입었던 겨울옷을 벗고 조금 얇은 옷으로 갈아입는 정도였다.

이러니 아이들 몸에는 이와 벼룩이 기어다니고 여자아이들은 머리칼 속에서도 이가 돌아다니고 서캐가 하얗게 끼어 있었다. 그래서 여자애들은 단발머리를 했고 어머니나 할머니들께서 날이 촘촘한 참빗으로 머리를 빗기면서 이와 서캐를 털어 내었다. 목욕도 안 하고 머리도 자주 감지 않았으며 빗질도 어쩌다가 하다 보니 머리칼이 엉켜 참빗으로 빗질을 당할 때 고통스러워하곤 했다.

남자애들은 스님처럼 머리를 박박 깎거나 스포츠형 머리로 짧게 자르기 때문에 머리에는 이가 없었다. 그러나 몸속에는 이가 스멀스멀 기어다녔고 겨울밤에는 어머니께서 우리들의 옷을 벗겨 가물가물한 호롱불 아래서 이를 잡아 똑똑 소리가 나게 죽이곤 하셨는데 그때 형이랑 발가벗겨져서 이불 속으로 들어가 장난을 치다가 시끄럽다고 어머니께 혼나곤 했었다. 학교에서는 심심할 때 비교적 큰 이를 잡아 친구가 잡은 이랑 책상 위에서 경주시키며 놀기도 했었다.

학교에서는 이를 박멸한다고 DDT 가루라고 하는 분말 농약을 아이들 몸에 직접 뿌리곤 했었다. 지금 생각하면 아찔할 정도로 무식한 행위인데 한국전쟁 때 미군들이 한국 사람들에게 했던 위생방역 행위이다. 사람을 짐승 취급한 것인지 아니면 미군들도 무식해서 그런지 잘 모르겠지만 미군들 몸에는 직접 뿌리지 않은 것으로 판단하건대 전자로 해석하는 것이 타당하다 할 것이다.

 그 시절에는 초등학교 저학년 때까지 코를 흘리는 아이들도 많았다. 여름보다는 겨울에 더 그랬다. 누런 코를 달고 살았고 누가 볼 때는 들이키거나 옷소매로 스윽 닦았다. 그러니 아이들의 옷소매는 때와 코가 계속 묻고 닦이어 반질반질하였다. 그리고 손등은 터서 피가 삐죽삐죽 나고 겨우내 엉켜 있었다.

 이 튼 손은 딱지치기하거나 구슬치기할 때는 잘 못 느꼈는데 밤에는 몹시 쓰리고 아팠다. 그러면 부모님께서 요강에 받아 놓은 오줌에 씻으라고 하셨다. 소독이 되어 쉽게 낫는다고 하셔서 요강에 있는 가족들의 오줌에 손을 씻기도 했지만, 한 번도 더럽다는 생각은 안 해 봤다.

 수요일로 기억되는데 늦가을부터 새봄까지 학교에서는 용의검사라고 하여 일주일에 한 번씩 조회 시간에 담임 선생님께서 학생들의 청결 정도를 점검하셨다.

그날도 등교 직후까지 용의 검사 날이라는 사실조차도 까맣게 잊고 있다가 기억 난 친구가 "오늘 용의 검사 날 아이가?" 했다. 순간 우리들 머릿속에는 바로 비상 사이렌 소리가 울려 퍼졌다. 큰일 났다! 동시에 비명 같은 소리가 터져 나오면서 그때부터 호떡집에 불이 나는 것이다.

수돗가로 달려가고 수도시설이 부족해서 학교 밖 논 가 둠벙까지 가서 목에 때를 벗기고 손에 때를 벗기는 난리법석을 떨었다. 때를 벗길 때 목에 있는 때는 쉽게 벗어지는데 손등에 있는 때는 잘 벗겨지지 않았다. 시간은 없고 마음은 급하고 어찌어찌하여 조회 시간에 맞춰 교실로 들어와 담임 선생님의 눈치를 살피고 있었다.

담임 선생님께서는 용의 검사와 위생 청결에 대한 일장 훈시를 하시고 60여 명 전원을 일으켜 세우셨다. 그리고 손등을 위로 하여 손을 앞으로 내밀게 하였다. 그때 나는 추운 겨울 찬물에 손등의 때를 벗기느라 빨개진 동무들의 손이 오리발처럼 생겼다고 느꼈다.

유혈목이

뱀은 생긴 자체가 징그럽다. 풀밭에서 스윽 지나가는 뱀을 갑자기 보게 되면 몸서리쳐질 정도로 징그럽다. 주변에서 뱀을 귀엽다거나 적어도 다른 동물처럼 가깝게 두고 싶다고 생각하는 사람은 드물다.

텔레비전에서 뱀을 귀엽다고 키우는 사람을 소개한 프로그램을 본 적은 있다. 비단구렁이를 키우는 아주머니도 소개되었고 능구렁이를 방에서 키우는 아저씨도 소개되어 그걸 본 적이 있다. 아마도 흔치 않아서 소개되었을 것이다.

고대 그리스신화에서는 지혜를 상징하는 동물로 뱀이 등장하고 의과대학이나 유엔 세계보건기구의 로고에 뱀이 새겨져 있다. 이와는 달리 사람들은 대다수 뱀을 귀엽다고 가까이하는 사람보다는 징그럽다고 멀리하는 사람이 압도적으로 많은 것은 사실이다.

사람들이 뱀을 싫어하는 이유는 생긴 모습 외에, 자신을 보호하기 위해서라고 추정하지만 일단 덤벼든다. 사람들은 반항보다는 순종을 좋아한다. 다른 종류의 동물들은 자기보다 덩치가 큰 동물을 만나면 도망치기 바쁜데 뱀은 공격 자세를 취하고 입질부터 한다. 그리고 다닐 때도 소리 없이 '스윽슥' 다닌다. 그래서 뱀은 인간에게 두려움을 주고 동정을 받지 못한다.

제대로 성경 공부를 안 했지만, 기독교에서도 인정받지 못하는 동물이 뱀이다. 아담과 이브가 선악과를 먹도록 유혹하는 동물로 뱀이 등장한다. 따라서 기독교에서는 뱀이 곧 사탄이다. 기독교 신자들은 뱀을 더욱 싫어할 것 같다.

어릴 적 우리는 뱀만 '보았다' 하면 돌멩이를 던지거나 작대기로 때려서 죽였다. 악을 처단하는 심정으로 '반드시'라고 해도 될 정도로 꼭 죽였다. 대부분 죽여서 내버렸지만, 보신이 된다는 얘기를 듣고 구워 먹기도 했다. 집 근처에서 잡으면 돼지우리나 닭장에다 던져주곤 했다.

사람들은 너무 더럽다고 생각하여 맨손으로 똥을 못 만지듯 너무 징그러워 뱀도 못 만지는데 땅꾼 외에 뱀을 만지는 동무가 내 주변에 있었다. 김상안은 남에게 싫은 소리도 잘 못하는 성격이고 말소리도 작으며 화도 잘 내지 않는 그래서 남들이 소심하다고 평가할 사람이다. 어렸을 때부터 그랬다. 그런데 그런 김상안은 굴로 들어가는 뱀을 맨손으로 끌어내곤 하였는데 어릴 때 김상안의 유일한 자기 용기 과시 행동이었다. 정말이지 또래에서는 상안이 말고는 그런 '용기' 있는 사람이 없었다.

뱀 중에서는 물뱀과 유혈목이가 흔했다. 둘 중 어느 것이 더 흔했는지는 모른다. 유혈목이는 전체적으로 녹색인데 목 부분은 검정색과 빨강색이 교대로 입혀져 있어 알록달록하다. 경상도에서는 이 뱀을 '너불대'라고 불렀고 충청도에서 살다 보니 이곳 사람들은 '율맥이'라고 한다. 한자 쓰기를 좋아하는 사람은 花蛇(화사)라 하기도 하는데, 이는 우리가 흔히 쓰는 말 꽃뱀을 한자로 옮긴 것에 불과하다.

우리는 이 뱀이 독이 없는 줄 알고 있었고 지금도 일부 사람들이 독 없는 뱀이라고 잘못 알고 있는데 사실은 맹독을 가진 독사의 일종이라는 것이다.

이 뱀은 조그마할 때는 도망하느라 바쁘지만, 어느 정도 자라면 코브라처럼 사람이 가까이 갔을 때 목에 힘을 주고 노려본다. 목에 힘을 주면 옆으로 퍼지면서 납작해지고 앞뒤로 너울너울 입질할 기회를 노린다. 그래서 우리는 작대기나 회초리로 바짝

곧추세운 목을 쳐 죽이곤 했다. 너불대라는 이름도 공격하기 위해 앞뒤로 너불거려서 얻은 이름으로 추정된다.

소 풀 뜯기러 다닐 때였다. 2년 후배인 김익환은 범골 뻔덕이 보이는 하광주씨 목장 풀밭을 가로지르다 독사에게 물린 적이 있었다. 김익환의 다리를 물고 난 뒤 풀숲으로 도망가는 뱀을 우리 일행 중 나만 보았다. 그때는 응급조치도 할 줄 몰라서 익환이는 소를 찾아 절뚝거리며 집에 왔을 때 다리는 퉁퉁 부었고 병원에 갔지만 부기와 진물로 한동안 고생하였다. 어쩌면 고생 정도가 생사의 갈림길에 섰을 수도 있었는데 워낙 안전 불감증 시대라 미처 깨닫지 못했을 수도 있다.

나는 그때 다리를 문 뱀이 '너불대'라고 주변 애들에게 말을 하지 않았다. 왜냐하면 믿어주지 않을 것이고 오히려 내가 거짓말쟁이가 될 것 같았다. 더군다나 나도 독 없는 뱀으로 알고 있는데 '너불대'에게 물려 다리가 저렇게 붓는다는 사실을 믿기에는 지식 충돌의 충격이 너무 클 것 같았다.

그 후 시간이 많이 흘러간 뒤 우연히 인터넷을 통해 유혈목이에 대해 알게 되었는데 그 기록에도 많은 사람들이 독 없는 뱀으로 잘못 알고 있다고 기록되어 있었다. 사실은 맹독을 가진 독사인데 다른 독사보다 독니가 안쪽으로 나 있어 얕게 물렸을 때는 독의 침투를 걱정하지 않아도 된다고 쓰여 있었다.

우리는 뱀을 원수처럼 생각하지만 뱀의 입장에서 보면 억울하기 이루 말할 수 없다. 자신이 그렇게 생기길 원한 것도 아니요. 자기 보호를 위해 노력하는 행위를 인간은 자신을 공격한다고 규정짓고 위험하고 사악한 동물이라며 패 죽이고 쳐 죽이고 자동차로 깔아 죽이고 하여 지구상에서 씨를 말리려 하냔 말이다. 난 뱀을 보면 '역지사지'라는 사자성어가 떠오른다.

착각

                        요즘엔 조기 교육 덕분에 초등학교 입학 전에 한글을 읽고 쓴다. 한글 미 해득자가 오히려 이상하리만큼 입학 전에 한글을 익히고 들어오는 것이 일반적인 현상이다. 심지어 영어까지도. 맞벌이 부부가 늘어나고 아이들을 돌볼 수가 없어 학원에 맡기듯 보내는 것이다. 그리고 그냥 노는 것보다 그 시간에 무언가 배워 입시 경쟁 사회에서 우위를 선점하고자 한다. 특히나 중요과목이라 하여 '국, 영, 수'를 잘해야 좋은 대학에 간다는 것은 대한민국 사람이라면 다 알고 있다. 국어는 우리말이고 어릴 때부터 성장하면서 꾸준히 책을 읽지 않으면 짧은 시간 1~2년 안에 노력한다고 하여 좋은 성적을 기대하기 어렵다. 그러나 익숙하기 때문에 어쩐지 영어보다는 쉽게 느껴진다. 영어는 외국어이므로 낯설다. 그리고 아무리 노력해도 성적은 오르지 않는다. 그래서 고득점을 받기 위해서는 책을 외울 수밖에 없었다. 영어의 듣기는 정말 어렵다. 그리고 3년 정도 하루 한 시간씩 영어 듣기 공부를 한다면 귀가 뚫리지 않겠나? 생각하고 시작한 영어 회화 공부가 10년이 넘었다. 여전히 30%도 안 들린다. 물론 개인차는 있을 테지만. 현직 시절 영어 교사인 친구에게 상당히 무례한 질문을 한 적이 있다. "CNN 뉴스 들려?" 친구는 짧게 머뭇거리더니 "어떻게 다 듣겠어!" 아! 안도감과 함께 천기누설 한 자락을 들은 느낌?!

무슨 공부든지 꾸준히 해 온 학생이 좋은 성적을 받는 것은 기정사실인데 수학은 꾸준히 해도 타고난 두뇌를 필요로 한다. 중학교 때까지는 그럭저럭 성실한 학생은 수학 과목에서 높은 성적을 낼 수 있지만 고등학교에서는 노력만으로 힘들다. 물론 필자의 경험과 오랜 시간 교육 현장에서 보았던 사례를 가지고 전문적이지 못 하게 일반화시키는 위험성이 있다. 교육 무용론으로 흐를 위험도. 그래서 학교 교육의 본래 목적인 민주시민으로서 지녀야 할 교양 정도의 지식 함양을 목표로 한다면 어떨까.

대한민국의 아이들은 초등학교 입학과 함께 공부에 시달린다. 행복지수가 OECD 가입국 중 꼴찌라고 한다. 학창 시절 공부라는 고통 속에 시달려 온 대한민국 사람들은 자신이 체험한 고통을 자식에게 물려주고 싶지 않다. 젊은이들이 결혼하지 않는 이유, 결혼해도 아이를 낳지 않는 이유 중 하나가 입시 경쟁 속에 사랑하는 자식을 내던지고 싶지 않다는 마음이라고 하니 과열 입시 경쟁 체제가 한국의 출산율을 낮추는 큰 요인임을 부인할 수 없다.

그러나 요즈음과 우리 때는 달랐다. 적어도 초등학교 기간에는 그랬다. 입학 당시 한글을 아는 친구는 김기균이가 유일했다. 기균이는 도산초등학교 소사 아저씨의 아들로 학교 안 관사에서 살았고 7살 때 초등학교에 다녀서 한글을 터득했으며 무슨 이유에서인지 다시 1년을 꿇어 우리와 같은 학년이 되었다. 추측건대 1년 먼저 학교에 입학한 것은 정식으로 입학한 것이 아니고 글자도 익힐 겸 '견습생'으로서 심심풀이 차원이 아니었을까.

그때는 1학년 1학기 내내 선생님께서 주신 학습지로 공부했다. 학습지는 누런 재활용 종이였는데 선생님께서 점선으로 동그라미, 세모, 네모와 같은 도형을 그려 놓으셨다. 우리는 그 바탕 위에 색연필로 동그라미, 세모, 네모 같은 도형을 칠하듯이 그렸고 2학기에 이르러서야 비로소 글자 공부를 시작했는데 언제 확실하게 글자를 터득했는지 모르나 1학년 2학기 때부터 떠듬떠듬 글을 읽기 시작했던 것 같다. 내가 글자를 터득했다는 사실을 다른 사람들 특히 동네 어른들에게 자랑하고 칭찬받고 싶었으나 아무도 물어봐 주지 않아 어떻게 하면 자연스럽게 '들킬까' 고민했었다. 그러다가 한번은 앞집 아저씨가 보고 있는 신문을 옆에서 큰 소리로 읽었는데 보통 때와는 다르게 소리가 커져 머쓱해진 기억도 있다.

그리고 2학년 때부터는 '받아쓰기' 시험을 수시로 보았다. 시험의 방식은 조회 시간과 종례 시간에 선생님께서 학생들을 6~7명씩 칠판 앞에 주~욱 세운다. 그리고 최대한 칠판에 밀착하게 하여 옆 사람이 쓰는 것을 못 보게 하였다. 그럼에도 불구하고 고개를 돌리려는 친구가 있으면 나머지 앉아 있던 50여 명의 학생들은 감독관이 되어 선생님께 일러바치기 때문에 함부로 고개를 돌릴 수가 없었다. 그런 상태에서 담임 선생님께서는 하나씩 번호와 단어를 부르는데 칠판에 붙어선 학생들은 선생님께서 부르시는 단어를 칠판에 일정 시간 안에 적어야 했다.

사건이 발생한 그날도 받아쓰기 시험을 보던 중이었다. 시험 도중 선생님께서 '큰일 났다'라는 문제를 제시하셨다. 그러나 나의 연초 스승님이자 현재 부산 어느 절의 스님이신 조인배는 '국일 났다'라고 적었다. 우리 반 애들은 웃고 책상 치고 놀리고 난리가 났다.

그 후 한참 지나고 난 뒤 이야기는 이상하게 흘렀다. 별로 재미있는 구경거리도, 얘깃거리도 없던 시절이라 하찮은 이 이야기는 옆 반으로 퍼졌는데 국인이가 '받아쓰기' 시험 도중 '큰일 났다'를 '국일 났다'로 썼다는 것이다. 나는 현장 목격자로서 진실을 밝히는 데 노력하였다.

아마도 얘기 전달 과정에서 '국인'이라는 이름과 '국일 났다'라는 단어에서 '국' 자가 일치하여 일으킨 착각일 것이다. 언젠가 성인이 되었을 때 통영에서 동창회에 참석 중 술이 몇 순배 돌고 분위기가 무르익어 갈 무렵 이 이야기를 꺼냈더니 한 명도 기억을 못 하고 있었다. 그러더니 "니는 우찌 그런 거까지 기억하노?" 하면서 놀라워했다.

 별거 아냐. 똑같은 사건일지라도 사람마다 집중하는, 혹은 받는 충격 정도는 다르니까.

채변 봉투

　　　　　　　　　　　　　　　　같은 사물일지라도 나이에 따라 관점이 달라진다. 오늘은 똥에 관한 얘기를 하고자 한다. 똥에 대한 이미지는 '더럽다'이다. 그래서 점잖은 곳에서 혹은 공개된 자리에서 똥을 똥이라 부르지도 못한다. 비속어도 아닌데 더럽다는 이유로.

　젊었을 때 가장 관심을 끄는 얘기는 性에 관한 얘기이다. 그만큼 강렬하고 누구나 간절히 원한다는 공통점이 있다. 그렇지만 그런 성적 농담도 이젠 상황을 잘 살펴서 누군가에게 성적 수치심을 주는 경우는 조심해야 한다. 시빗거리가 되었을 때는 법의 경계를 넘나드는 문제로 비화 될 수 있다.

생명체가 세상에 나올 때는 자신의 의지와는 상관이 없고 아무런 목적의식도 없다. 그런데 세상에 태어나자마자 자신도 모르게 어떤 행동은 간절히 원하게 되거나 반대의 경우로 의도하지 않았는데도 피하고 싶다. 가령 예쁜 여자를 보면 잘 보이고 싶다거나 사랑하는 마음이 절로 생긴다거나 하는 경우. 반대로 위험한 일이나 힘든 일은 의식하지 않아도 피하고 싶다. 이것을 우리는 본능이라고도 하고 DNA의 명령이라고도 한다. 어쨌거나 우리가 의식해서 이것은 해야지 혹은 이것은 하지 말아야지 하는 것이 아니라 무의식적으로 그런다는 것이다.

여자가 화장하는 이유도, 남자가 머리카락에 포마드 기름을 바르는 이유도, 남녀 공히 성형하는 이유도, 키가 훤칠했으면 좋겠다고 생각하는 이유도, 옷을 잘 입으려는 이유도, 돈을 많이 벌려는 이유도 이성에게 관심을 받아 선택당하고 싶은 이유가 심리적 기저에 깔려 있다고 보는 것이 타당하다.

반대로 추하고 더럽고 이성이 좋아하지 않을 것 같은 말이나 행동은 되도록 멀리하게 되는 것이다. 즉 성적 매력을 감소시키는 언행을 해서 이성의 선택으로부터 일부러 멀어질 이유는 없기 때문이다. 그런데 그것이 자연스럽게 그렇게 '되어진다'는 것이다. 그 대표적인 경우가 똥에 관한 경우이다.

이렇듯 성적 능력이 왕성할 때는 자기 똥을 쳐다보는 것조차 꺼리지만 나이가 들어 노년기에 접어들면 생식능력도 떨어지고 비로소 똥을 똥으로 볼 수 있게 된다. 이유는 노년기에는 性 문제보다는 건강 문제가 더 절실해지기 때문이다. 이제 똥은 단순한 오물에서 건강을 살피는 관찰 매체로 의미가 바뀐다. 그래서 똥은 매일 잘 누는지, 똥 색깔은 어떤지, 된 지 아니면 묽은지 살피게 된다. 이때부터는 똥이 그다지 더럽게 느껴지지 않는다. 사람마다 조금씩 차이는 있겠지만 나의 경우는 그러하다.

우리의 초등학교 시절에는 배가 자주 아팠다. 먹을 것이 생기면 급하게 먹거나 과식하여 그런 경우도 있었고 우리 뱃속에 가득 들어있었던 회충 때문이기도 하였다. 그러면 어떤 할머니들은 손주들에게 석유를 한 방울 마시라고 했고 어떤 할머니들은 담배를 피우라고 했다. 이유는 독한 것을 먹거나 피우면 뱃속에 있는 회충이 죽지는 않을지라도 힘을 쓰지 못하여 배가 낫는다는 것이었다. 지금 생각해 보면 어처구니가 없음을 넘어 아찔하기까지 하다.

당시 우리가 회충을 배 속에 양육할 수밖에 없었던 이유는 거름으로 사용했던 똥에 있었다. 집집마다 '푸세식' 화장실은 거름을 만들고 삭히는 공간으로 활용되었고 가난했던 시절 화학비료를 사느니 거저 생기는 똥을 거름으로 활용했다. 아버지께서는 다른 곳에서 놀다가도 똥이 마려우면 얼른 집에 와서 싸라고 하셨고 마을길에 떨어져 있던 개똥, 소똥도 주어다 화장실에 넣으셨다. 아침 일찍 잠도 덜 깬 상태로 개똥망태 들고 개똥 주우러 다니던 내가 얼마나 부끄럽던지.

똥이 강으로 흘러들면 오염원이 되지만 땅속으로 들어가면 거름이 되는 것이다. 화학비료는 땅을 산성화시켜 황폐하게 하지만 똥은 땅을 살리는 비료이다. 정말 유기농법이고 순환 농법이며 생명을 가꾸는 농법이 아닐 수 없다.

그런데 문제는 회충이 인간을 숙주로 하는 기생충이라는데 있었다. 회충의 일생이 인간의 뱃속에서 알을 낳고 그것이 똥과 함께 뱃속에서 나와 '푸세식' 화장실에 저장되어 있다가 인분을 거름으로 논밭에 뿌리면 같이 뿌려져 풀(채소)에 붙어서 햇빛과 산소를 받고 알에서 나올 채비를 한다. 알에서 나오기 직전 다시 사람의 입으로 채소와 함께 들어가서 알에서 깨고 자라 성충이 되어 다시 알을 낳는 순서를 반복하는 것이다.

그래서 우리가 초등학교 다니던 그 시절 국가적으로도 기생충 박멸 운동이 벌어졌다. 당시는 국가적인 운동인 줄 몰랐고 선생님께서 채변 봉투를 나눠주시고 똥을 밤톨(야생 밤)만큼 받아오라고 하셨다. 뱃속에 기생충이 있는지를 검사하기 위해서였다.

초등학교 저학년 때는 크게 부끄럽지 않았는데 고학년이 될수록 여학생들 보기가 부끄러워 미칠 것 같았다. 그렇다고 선생님 말씀을 어기는 것은 보통 강단으로는 감당이 안 되는 행위였다. 창피한 일이었지만 말씀을 따를 수밖에 도리가 없었다.

초등학교 5학년의 어느 날. 늦봄 아니면 초여름이라고 해도 크게 틀리지 않을 그 무렵으로 기억된다. 담임 선생님께서 채변 봉투를 나눠주시며 자기의 똥을 담아 오라고 하셨다. 콩을 삶아 짓이겨 넣을까, 아니면 그냥 된장을 담을까, 고구마나 감자를 삶아 짓이겨 넣을까 하다가 발각되면 경을 칠 것이 불을 보듯 뻔하므로 창피함을 무릅쓰고 화장실에서 코를 잡고 인상을 써가며 채변 봉투에 똥을 엄지손톱만큼 담아 다음날 제출하였다.

제출하면서 창피한 나머지 여자 친구들이 들을 정도의 목소리로 박성하에게 말했다. 고양이 똥을 넣었다고. 그러자 박성하는 감자 찐 것을 짓이겨 넣었다고 하였다. 그리고 태연하게 제출하였다.

그 후 일주일이 지났는지, 이 주일이 지났는지 정확하지 않다. 채변 봉투를 제출했다는 사실조차 잊고 있을 무렵 어느 종례 시간이었다. 담임 선생님께서는 노기를 띠면서 교실 문을 열고 들어오셨다. 손에는 명단이 적혀 있는 문서와 '산토닌'이라는 회충약을 한 봉지 들고 오셨다. 우리는 담임 선생님의 노기 띤 얼굴을 보자마자 직감적으로 뭔가 잘못되었다는 것을 눈치채고 긴장해서 조용해졌다. 입이 바싹바싹 타들어 가면서 자연스레 선생님을 향해 똑바로 앉게 되었다.

약을 나눠 주시기 전에 일장 훈시를 하셨다. 길게 말씀하셨는데 간추려 보면 '사람은 정직해야 된다'는 말씀이었고 정직하지 못한 행동에는 남을 속이는 행위가 대표적이라고 하셨다. 그러면서 채변 봉투에 자신의 똥이 아닌 다른 물질을 넣은 놈이 누군지 자진해서 나오라고 하였다. 그러자 여기저기에서 비실비실 도살장에 끌려가는 소 마냥 몇몇 동무들이 일어나 앞으로 나가는 것이었다.

지금 생각해 보니 박성하 외에는 기억이 나지 않는다. 얻어맞고 난 뒤 얼굴을 찡그리며 자기 엉덩이를 감싸고 있던 박성하에게 괜히 미안하여 사람 똥하고 고양이 똥은 구분이 안 되는 거라고, 나는 고양이 똥을 넣었음을 암시했고 박성하가 너무도 불쌍했으며 함께 맞아주지 못해 지금까지 미안하다.

친구

유년 시절에는 친구가 중요한 시기이다. 가치관 형성에 영향을 끼치기 때문이다. "동무 따라 강남 간다"는 속담도 있다. 추우강남(追友江南)이라는 사자성어가 중국으로부터 전파되어 우리의 속담처럼 되었다. 정확히 이해한 건지 알 수 없지만 강북 어느 지역에서 만들어진 고사성어로 먼 곳 내지는 낯선 곳도 친구와 함께라면 선뜻 나선다는 뜻일 것이다. 여기서 기준이 되는 강은 보통 장강(양쯔강)이다. 친구와 관련된 또 다른 사자성어도 있다. 목숨을 건 믿음을 보여주는 관포지교(管鮑之交), 어려서부터 인연을 맺은 죽마고우(竹馬故友), 난초의 향기와 같은 우정을 강조하는 지란지교(芝蘭之交), 친구는 자기 몸 알 듯 안다는 지기지우(知己之友) 등 이것 외에도 많다. 그만큼 인간관계에서 친구가 차지하는 비중이 크기 때문이리라.

　살아오면서 목숨을 걸 만한 친구를 만나지 못했다. 목숨은커녕 내 재산의 일부를 공짜로 줄 만한 친구도 만나지 못했다. 내가 그러한 생각으로 살고 있으니 남도 나를 그렇게 생각할 것이다. 나의 친구 관(觀)은 내가 그를 배신하지 않고 그도 나에게 폐 끼치지 않으며, 서로 존중하며 살아가는 인간관계 정도로 설정하고 있다. 물론 자주 만나 술도 나눠 마시고 아내에게 하지 못하는 얘기도 미주알고주알 할 수 있는 그런 정도의 관계이기도 하다.

　중학 시절 관포지교라는 사자성어를 배울 때 한문 선생님께서는 '너희들도 세상 살아가면서 이런 친구 하나쯤 둬야 한다. 그래야만 성공한 인생이다'라며 강조하셨는데 난 아직 그런 친구를 만나지 못했다. 그러나 친구 사이에 의리는 지켜야 한다고 생각하며 살아왔다. 나는 세상을 평탄하게 살아왔다. 그래서 특별히 목숨을 걸거나 친구를 위해 재산의 일부를 포기해야 하는 기로의 시험대에 서지 못했다. 시험대에 섰다 할지라도 난 지금 생각하는 것보다 더 큰 희생으로 친구를 사귀지 못했을 것이다.

　교사들은 교우관계를 파악해 놓으면 학생들 지도에 유용할 때가 많다. 가령 어떤 학생이 가출했다고 할 때 부모님께 말은 안 해도 친한 친구에게는 얘기해 놓고 가출한 경우가 있다. 가출이 아니라도 교우관계를 파악해 놓으면 성격을 알게 되고 학생 지도에 많은 참고 자료가 된다. 그리고 유유상종이라고 어울리는 아이들을 보면 대강 성향도 파악할 수가 있다. 그래서 학기 초 상담할 때는 교우관계 파악은 필수적이다.

내가 교우관계를 파악하는 것은 교육학의 기초 지식이라 그런 것도 아니고 사범대학 다닐 때 교수님께 배워서 그런 것도 아니다. 가슴 깊이 새기고 실천한 이유는 기억하고 있기 때문이고 그 기억은 다음과 같은 사건에 연유하고 있다.

초등학교 4학년 때 일이다. 학기 초 담임 선생님께서 쪽지를 나눠 주시며 가장 친한 친구와 가장 싫은 친구를 적어내라고 하셨다. 그리고 장난으로 써낸다거나 친구에게 보여줘서도 안 된다는 말씀도 잊지 않으셨다. 쪽지는 앞쪽에서 뒤쪽으로 전달되었다. 쪽지를 받아들고 나는 골똘히 생각해 보았다. 누굴 적어야 하나. 딱히 싫어하는 학생도 좋아하는 학생도 없었다. 그러나 선생님의 명령이니 적긴 적어야 했다. 이러저러한 생각을 하다가 적어내긴 하였다.

그 쪽지를 적어낸 지 하루가 지났을까. 우리 반 기정이가 나에게 귀띔을 해주었다. 아마 그 주(週)의 당번이었나 보다. 교무실로 담임 선생님께 불려 갔는데 선생님 책상 위에 그 쪽지가 있더라는 것이다. 일부러 보려고 본 것은 아닌데 선창에 사는 큰 문택이가 써낸 쪽지를 봤다는 것이다. 가장 좋아하는 사람은 영재였는데 가장 싫어하는 사람으로 나를 적어냈더라는 것이다. 나는 기정이의 말을 의심하지 않았다.

충격이었다. 나는 문택이에게 욕 한번 한 적도 없고 때린 적도 없는데 왜 문택이가 날 가장 싫어한다고 써냈을까. 이해가 되지 않았다. 나는 그를 미워하지 않는데 그는 우리 반에서 내가 가장 싫단다. 도저히 이해되지 않았다. 문택이에게 따져볼까도 생각했지만 그럴 수 없었다. 그냥 모르는 척하며 지냈다. 그 뒤로 문택이가 많이 신경 쓰였다. 문택이는 그 뒤로도 나에게 태연하게 평소처럼 대했다. 그런 능청스러운 행동이 때로는 얄밉기도 했다. 저 가증스러운 놈!

나는 내가 남에게 좋게 비치는 사람으로 생각했다. 간혹 서열 다툼하느라 싸우긴 했어도 그건 당사자끼리의 감정이다. 싸우지도 않은 문택이가 나를 가장 싫어한다니.
나는 몰랐다. 그때는 이해하지 못했다. 사람 중에는 부딪히지 않아도, 말소리만 들어도 싫고, 하는 행동만 봐도 싫은 사람이 있다는 사실을 정말 알지 못했다. 말 그대로 주는 것 없이 미운 놈.

곰곰이 생각해도 나는 누굴 가장 싫어하는 사람으로 써냈는지 기억이 나지 않는다. 써내긴 써냈을 텐데 기억나지 않는다. 그런데 문택이가 나를 가장 싫어한다고 써낸 사실은 기억하고 있다. 내가 남에게 서운하게 한 일은 금방 잊는데 자기한테 서운하게 한 사람은 오래도록 기억한다. 그렇다, 받아들이는 정도에 따라 기억도 좌우될 테니까.

교사가 된 후 이 일을 생각하면 '교사는 학생들에게 밝혀야 할 것과 비밀로 지켜야 할 것에 대한 주의가 필요하다고 여러 차례 생각하게 되었다. 학생들의 개인정보 보호도 중요하다는 교훈을 되새긴다. 시간이 많이 흘러갔다. 이제는 문택이를 만난다면 이 얘기를 꺼내면서 한번 웃어보고 싶다.

텔레비전

　　　　　　　　　　　　　　우리 동네에 전기가 들어온 해는 1973년 내가 초등학교 5학년 무렵이다. 그 전부터 전기 가설 공사를 한다고 전봇대를 세우고 집안 서까래에 하얀 자기를 박더니 두 줄로 나란히 까만 전기선을 깔았다. 집집마다 전기선을 설치한 뒤로 한참 기다려도 전깃불이 들어오지 않아 애를 닳게 하더니 어느 날 가을 학교에서 돌아와 보니 전기가 들어왔다.

　아버지께서는 전기세(사용료)를 아껴야 한다며 집안의 모든 '전구 알'을 5촉으로 다셨다. 5촉의 전구에서 나오는 불빛은 그 밝기가 지금까지 밤에 보아온 어떤 불빛보다도 밝았다. 그동안은 전기 가설이 되지 않아 주로 등잔불 아래에서 숙제했는데 어두워서 등잔불 가까이 갔다가 머리칼을 그슬리기 일쑤였다. 5촉짜리 전깃불일망정 그 밝던 촛불보다도 더 밝았으니, 아버지의 절약 정신에 불만을 표현할 이유는 전혀 없었다.

전기가 들어온 후 우리 동네에서 TV를 가장 먼저 산 집이 솔태 뻔덕 하광주씨 댁이었다. 당시는 흑백 TV였는데 그것도 지붕 위에 안테나를 잘 위치시켜야 그나마 볼 수 있었다.

그때 처음으로 연속극이라는 말도 배웠다. 그리고 '여로'라는 연속극이 동네 사람들을 사로잡았다. 남자 주인공은 머리에 원형 탈모가 있는 장욱제였는데 바보 연기를 하였고 볼 때마다 나쁜 놈들에게 이용당하여 나를 안타깝게 했다. 여자 주인공 태현실은 말 그대로 현모양처로 그려졌는데 우리 엄마를 닮았다고 생각했다. 얼굴에 점이 있었기 때문이었을까.

사실 '여로'의 줄거리는 모르겠다. 이유는 그 연속극을 못 보는 날이 보는 날보다 많았기 때문이다. 그때는 줄거리보다도 조그마한 상자 속에 사람이 나온다는 그 자체만으로도 신기했고 그런 텔레비전을 보고 있다는 사실이 꿈만 같았다.

어른들은 체면이라도 있고 밤마다 사람들이 그 집에 모이면 주인이 고통스러울 것이라고 짐작하여 조심했으나 동네 조무래기들은 매일 밤 그 집 대문 앞에 모여들었다.

다행히 주인의 아들이 기분 내켜서 문을 열어주면 주눅 들어 온몸이 오그라든 채 살금살금 주인어른의 눈치를 살피며 기어들어 가는 목소리로 인사를 올리고 방 윗목에 살며시 앉아서 시청하다가 한 시간에서 두 시간 정도면 쫓겨났다. 언제나 아쉬웠지만 어쩔 수 없었고 조금이라도 본 게 어디냐며 스스로 다독거렸었다.

매일 밤 그 집 앞에 몰려들었지만, TV 시청할 기회를 잡는 건 일주일에 한두 번 정도에 불과했고 혹시나 하는 기대로 저녁밥을 먹고 나면 부모님의 꾸지람에도 불구하고 좀이 쑤셔서 집에 붙어 있을 수가 없었다.

대문을 열어주지 않아 허탕 치고 집으로 돌아오는 날은 주인이 너무도 야속했다. 그래서 대문 앞에다 똥을 싸버리자는 둥, 대문을 발로 차고 도망가자는 둥 여러 가지 화풀이 안(案)이 나왔지만, 한 번도 실행하지 못하였다. 영영 TV를 못 볼지도 모른다는 불안감에.

그때는 주인의 입장은 생각해 보지 못했다. 가족끼리 오붓하게 시청할 시간을 뺏는다고 생각해 본 적은 한 번도 없었고 발도 씻지 않고 흙에 뒹굴던 옷 그대로 방에 들어갔으니, 조무래기들을 돌려보낸 뒤 방 청소도 얼마나 고역이었을까. 그러나 우리는 대문을 안 열어주는 날에는 그까짓 것 뭐라고 '야박하게 군다'고만 생각했다.

텔레비전이 없을 때 우리는 딱지치기, 카이심, 구슬치기, 자치기, 총싸움 놀이, 깡통차기, 진똘이, 숨바꼭질, 꼬리 자르기(얼음땡) 등이 겨울에 하는 놀이고 여름에는 나무 그늘 아래서 고누, 장기, 바둑을 두며 놀았고 체력 단련이 되는 놀이는 멱 감기였다. 장기와 바둑은 어른들이 둘 때 주로 구경을 하였다. 그런데 텔레비전이 동네에 생긴 이후로 이런 놀이들이 서서히 사라져 갔다.

텔레비전으로 인하여 그 집 아이들과 우리들은 상하관계가 확실히 형성되었고 하태원이가 내 동갑이고 하태홍이는 두 살 어린데도 난 말도 함부로 하질 못했다. 내 기억에 하태원이는 나를 한 번도 친구라고 살갑게 대해 준 적이 없지만 난 그에게 불만을 드러낼 수 없는 처지였다. 나만 그런 것이 아니고 동네 조무래기들이 거의 다 그랬을 것이다.

그러다가 프로레슬링이 있는 날에는 동네 웬만한 사람들은 그 집으로 다 모였고 그날은 수상기가 마루로 나왔으며 마당 가운데는 평상이 놓여서 동네 사람들이 관람하였다.

레슬링 선수로는 박치기왕 김일 선수가 가장 인기가 있었는데 그가 일본 선수들의 반칙에 피를 흘리며 당할 때는 동네 사람들 전부가 흥분해서 일본 선수를 향한 욕설과 함께 안타까워하다가 드디어 박치기로 일본 선수를 제압할 때는 모두가 환호성을 지르고 난리법석을 떨었다. 저절로 애국심이 끓어 넘치는 순간이었다.

어떤 똑똑한 친구들과 형들은 프로레슬링을 말짱 보여주기 위한 쇼라고 했다. 그러나 나는 그 말을 받아들일 수가 없었다. 왜냐하면 김일 선수가 피를 흘리는 것이 어찌 쇼일 수 있느냐는 것이 내 주장이었다.

그리고 여건부 선수의 알밤 먹이기는 그렇게 통쾌할 수가 없었고 그는 우리의 기대를 저버리지 않고 일본 선수를 혼내 주었다. 그다음으로 천규덕 선수도 믿음직스러웠다. 그가 날리는 '가라데 초크'를 맞고 일본 선수가 목을 감싸 쥐며 고통스러워할 때는 우리의 카타르시스는 하늘 높은 줄 모르고 올랐다.

프로레슬링을 본 그 뒷날은 동네에서도 학교에서도 레슬링 얘기가 주였고 장난치고 놀 때도 레슬링 흉내를 내었으며 나도 자라서 김일 선수와 같은 훌륭한 레슬링선수가 된다면 얼마나 좋을까 하고 많이 생각했지만 이내 그 생각은 접었다. 왜냐하면 나는 동급생보다 한 살 더 많았음에도 키와 덩치가 그리 큰 편이 아니었다.

폭력

"이상호가 후보로 추천 되었습니다. 또 다른 사람 추천할 사람 없습니까?" 이때 영락이가 손을 들고 쑥스러운 듯하면서도 힘차게 말했다. "김도석이를 반장으로 추천합니데이" 이상하다. 지금까지 5년 동안 반장 임명은 담임 선생님께서 일방적으로 했는데 올해는 직선제로 반장을 선출한다고 했다. 선생님께서 하시면 '하나 보다'라고 생각했지 '왜 직선제로 선출할까?'는 의문은 가지지 못했다. 지금까지 그렇게 교육받아 본 적도 없어 그런 사고방식은 골치 아프기도 하고 잘못 질문했다가는 혼나기도 했다. 선거관리위원인 희영이가 선거 전 과정의 사회를 보았고 그 결과 내가 반장이 되었다. 칠판에 상호와 내가 득표한 수가 '正' 자로 표시되는데 숨이 막힐

듯 긴장되었다. 내가 5년 내리 반장을 해 온 덕분인지 반장이 되었다.

어머니는 학교 근처에도 오시지 않는 '관공서 울렁증'을 가지고 계시는 분이었고 아버지도 마찬가지로 담임 선생님께서 가정 방문을 온다고 하시면 자리를 피하는 분이셨으니 집안 배경이 반장 당선에 영향을 주었다고 추측하는 것은 맞지 않다. 초등학교 1학년 때 강귀련 담임 선생님께서 9살에 입학한 내가 다른 동무들보다 조금 덩치가 크고 심부름을 시키면 빠릇빠릇 두 번 말 시키지 않아도 되었으니 임명하신 것 같고 2학년 때부터는 1학년 때 반장이나 부반장 하던 놈이 경험 있으니 편리상 시킨 것 같다.

반장이 되면 이름표 밑에 검정 바탕에 노란 막대기가 가로로 두 줄이 새겨진 군인 계급장 같은 것을 달았다. 이것은 전국적으로 통일된 양식인지 아니면 우리 학교만의 독특한 형식인지는 지금도 모르겠다.

그 계급장은 부반장은 가로줄 하나, 반장은 두 개, 전교어린이회장은 세 개짜리를 달고 다녔다. 이 계급장은 막강한 힘을 발휘하는 완장과도 같았다. 말하자면 담임 선생님 대신으로 폭력을 행사할 특권이 주어지는 것이다. 먼저 줄 세우기, 빵 나눠 주기, 각종 과제물 걷기, 교실에서 떠드는 학생 못 떠들게 강제하기 등. 이때 가벼운 폭력은 일을 수월하게 할 수 있는 수단이었다.

한 반에 60명이 넘는 애들이 모였으니 얼마나 시끄럽겠는가. 수업 시간이건 쉬는 시간이건 와글와글, 짜글짜글 완전 도떼기시장이었다. 그러면 담임 선생님께서는 "반장아, 뭐 하노? 조용히 좀 시키라"는 말과 함께 반장, 부반장은 감시의 눈을 부라리는데 이때 눈치 없이 계속 떠들다가 얻어맞는 것이다.

반장 임무를 수행하는 와중에 담임 선생님께서 이번에는 어린이회장 선거에 출마하라고 하셨다. 담임 선생님의 말씀이니 그대로 따를 수밖에. 상대는 육성회장 아들 이삼택이라고 하시며 '출마하면서'라는 제목의 원고도 주셨다. 그렇게 직선제로 선거가 치러졌고 유세하는 날 책상을 쳐가며 열정적으로 공약을 발표하였다. 내가 봐도 5학년 때부터 반공 웅변대회 단골 연사였던 난 유세 실력이 삼택이를 압도하였고 당선은 의심하지 않았다.

전교어린이회장의 임명장을 받고 반장까지 겸하였으니 다섯 개의 막대기를 이름표 밑에 달고 다녔고 그 위세가 왕이 된 것처럼 대단하였으며, 목에 힘이 저절로 들어갔다. 학교 내에서는 물론이고 길을 가다가 어른들이 '니는 와 작대기를 다섯 개씩이나 달고 다니노?' 하고 질문해 주실 때는 뿌듯한 기분을 주체할 수 없었다.

월요일마다 운동장에서 전체 조회할 때 전교생을 지휘하는 나는 우쭐한 기분에 사로잡혔다. 학생들 맨 앞에 서서 지휘하는 나의 모습을 상상하면 저절로 특권의식이 생겼다. 동무들은 대부분 그 위세에 눌려 말대꾸조차 하질 못했는데 그렇지 않은 동무들도 드물었지만, 간혹 있었다.

여학생에게는 말도 잘 못하는 편이었다. 그리고 여학생들도 굳이 나와 부딪히는 사람은 거의 없었는데 유독 한 여학생은 말대꾸도 하고 내가 뭐라고 하면 '픽픽' 거리면서 나를 무시하는 듯하였다. 언제 기회를 봐서 때려줄 참이었다. 얼굴이 마주칠 때마다 미운 맘이 들었다. 왜 나를 그런 식으로 대하는지 이유는 묻고 싶지 않았다. 그냥 미울 뿐이었다.

기회를 엿본다 한들 집요하게 노리는 것은 아니고 미운 마음이 생겼다가 사라졌다가 반복하는 사이 경숙이와 마주쳤는데 획 고개를 돌린다든지 반장인 내가 무슨 말을 하는데 언짢은 표정을 지어 반감을 드러낼 때 폭력으로 지적하겠다는 의도였다.

며칠이 지난 어느 날 기회가 찾아왔다. 학교 본동 2층 복도에서 하교하는 소위 '노전 가시나'들 4~5명과 마주쳤다. 이경숙이가 있었고 송성림도 있었다. 40여 년이 지난 뒤에 동창회에서 내가 이 이야기를 꺼내 경숙이랑 웃고 떠들며 술 한잔하고 있는데 송성림은 자신이 거기에 있었다고 말해서 알았고 나머지는 기억나지 않는다. 송명자 아니면 정수자나 심금숙 혹은 김양선이 정도일 것이다. 왜냐하면 그들은 등, 하교 시 늘 붙어 다녔다.

그날 2층 복도에서 마주치며 이경숙이에게 한마디 욕을 던졌는데 이경숙이가 대거리를 하였고 나는 적개심으로 바로 '궁디를 주우 차 뺐는데' 옆 반 담임 선생님께서 그 장면을 목격하시고 나를 불러 꾸중하셨다. '전교어린이회장이라는 놈이 여학생을 함부로 걷어차느냐'며 호통을 치셨다. 나는 맞지 않으려고 그 자리에서 용서를 구했다. 때리시면 맞을 각오는 했으나 선생님께서는 전교어린이회장 체면을 봐서였는지 '앞으로 행동을 조심하라'는 말씀만 하시고 교무실 쪽으로 가셨다. 그 사이 여학생들은 가버렸는데 더 이상 괴롭히고 싶은 마음이 없어 쫓아가진 않았다.

우리가 60이 가까울 나이 어느 초등학교 동창회 날, 경숙이를 만났고 이 이야기는 그날 좋은 술안주가 되었다.

화풀이

　　　　　　　　　　사랑이란 감정은 바깥으로 드러내면 곤란한 경우가 생긴다. 선남선녀가 하는 사랑도 좋은 결과를 초래하면 좋은데 '마음을 드러내지 않았으면 좋았을 걸' 하고 후회하는 경우가 많다. 지금까지 살아오면서 숱한 상처를 받기도 하고 상처를 주기도 하며 살아왔다. 모범 정답이야 오로지 아내를 위해 최선을 다하고 다른 사람은 생각지도 않는 것이라는 것쯤이야 안다. 그러나 어디 그게 말처럼 쉬운 일이던가.

　사랑도 남들이 볼 때는 하찮기도 하고 심지어는 윤리적으로 문제가 되는 경우도 있고, 당사자만큼은 절절하지도 않다. 지나

온 시간을 더듬어 볼 때 '굳이 표현해야 했나, 마음속에 그냥 지니고 있을 걸' 하고 후회스러운 경우가 많다. 그렇다 할지라도 사랑은 사람들이 살아가면서 반드시 접하는 보편적이고 개개인의 측면에서 볼 때 특수한 주제이다.

초등학교 2학년 때였다. 담임 선생님은 하재립 선생님이셨고 교실은 산 쪽으로 붙은 일본식 건물 한 칸짜리 외채였다. 일제강점기에 지은 공공건물이 대부분 그렇듯이 바깥은 긴 판자에 콜타르를 묻혀 가로로 덧댄 건물이었다. 우리 학교는 일제강점기에 지어져 오랜 역사를 자랑하기도 한다.

하재립 선생님은 포마드 기름을 바른 머리카락을 뒤로 넘기시고 검정색 양복에 와이셔츠를 갖춘 정장을 주로 입으셨는데 지금 어슴푸레 떠오르는 모습은 왕년의 배우 남궁원 같기도 하고 구레나룻 때문에 엘비스 프레슬리 같기도 했다. 어쨌거나 멋쟁이 귀공자 스타일이었다.

당시에는 반장 선거를 하지 않고 담임 선생님께서 일방적으로 임명하셨다. 지금처럼 서로 반장을 하겠다고 나서는 아이도 없었다. 수줍음을 많이 타서 남들 앞에 나선다거나 어른 혹은 대중 앞에 자기주장을 펴는 것이 쉬운 일은 아니었다.

내가 살던 고향은 겨울이 그렇게 춥지 않은 동네였다. 3월이 되면 봄기운이 돌긴 하지만 그래도 쌀쌀하기는 하였다. 그런 3월의 어느 날 담임 선생님은 순두와 나를 부르셨다. 나보고 말씀하시길 반장을 하라고 하시고 부반장은 하순두에게 말씀하셨다. 순두보다 내가 똑똑해서 반장을 하라고 하신 것은 아니고 남존여비의 사상이 남아 있던 시절이라 그랬다. 그리고 박 대통령 시절이라 민주주의를 가르치기 위해 자신들의 대표를 스스로 선출하는 선거는 아예 가르치지도 않았다.

담임 선생님께서는 아이들을 조용히 시키라고 반장과 부반장에게 폭력을 암묵적으로 허락하셨고 순두와 나는 다니면서 30센티미터 대나무 자로 떠드는 애들을 때렸지만 심하게 반항하는 동무들은 없었다.

하순두는 하태형 선생님의 막내딸로서 시골 아이 같지 않고 도회지 아이 같았다. 뽀얀 얼굴에 말쑥한 차림새, 나 같은 촌놈은 도저히 범접할 수 없는 귀품(貴品)을 지니고 있었다. 같이 짝꿍이 되어 반장, 부반장이 한 책상에 앉는다면 얼마나 좋을까, 상상만 해도 등굣길이 즐거울 것 같았다. 그렇게 해 주시리라 근거 없이 믿었다. 즐거운 학교생활이 주욱 이어지고 공부도 더 잘할 것 같았다. 그러나 야속하게도 나의 환상은 그날 바로 박살이 났다. 내 짝꿍은 한티 동네 사는 김인숙이었다. 인숙이는 거무튀튀한 얼굴에 나하고 똑같은 출신성분을 가진 '촌년'이었다.

그때는 책상이 2인용이었는데 가운데 선을 그었다. 내가 그은 게 아니라 다 그어져 있었다. 선배님들도 나와 같은 심정이었나

보다. 남녀공학에서 남녀 아이를 짝꿍으로 정해 주면 자연스럽게 남녀는 한 공간에서 살아가는 존재라는 사실을 가르치려는 잠재적 교육과정의 일환이 아니었을까. 그런데 그 또래의 아이들은 여학생하고 잘 지내는 것을 질투하여 엄청나게 놀렸었다. 그래서 속마음과는 달리 여학생을 싫어하는 척 티를 내는데 그 방식 중 하나가 책상 가운데 선을 그어 자기 영역을 주장하는 것이다.

어른이 되고 나서 이 일을 떠올릴 때 책상에 선 긋는 이 행동은 어디서 비롯되었을까. 물론 본능적으로 자기 소유권을 주장하는 행동양식이라는 생각이 들지만, 남과 북이 분단되고 서로 대치하며 으르렁거리는 대결 상황이 아이들에게도 그대로 투영된 것이 아닐까? 하고 생각되기도 하였다.

나는 인숙이의 물건이 넘어오기를 기다렸다. 넘어오기만 하면 던져버리거나 심하면 부숴버릴 속셈이었다. 의자의 폭도 내가 2/3를 차지하고 인숙이는 1/3의 폭으로 구석에 처박힌 듯 앉아 있어야만 했다. 그 외에도 여러 가지로 불편하게 심술을 부렸다. 그런데 인숙이는 얄밉게도 조심조심 조신하게 굴었다. 그래서 기회 잡기가 쉽지 않았다.

하루는 사건을 조작하였다. 인숙이가 없을 때 인숙이의 물건은 얌전히 제 자리를 지키고 있는데도 지우개며 연필이며 필통을 집어 던졌다. 아예 '부숴버릴까' 하다가 그건 심하다 싶어 던지기만 하였다. 우리의 자리는 교실 뒤쪽으로 위치해 있었고 교실 뒤쪽 벽으로 던졌는데 바깥에서 들어오던 인숙이는 이 광경을 보았다. 이 외에도 인숙이는 나에게 괴롭힘을 당하고도 아무 말이 없었다. 지우개를 던지면 아무 소리 않고 집어 와서 필통에 넣곤 했다. 속으로 어떤 생각을 했을까. 얼마나 괴로웠을까. 주제 사내라고 여자애들을 괴롭혔으니. 그 동무들이 보고 싶다. 그리고 용서를 구한다. 특히 나에게 괴롭힘을 많이 당한 인숙이에게.

오줌싸개

어릴 적엔 이불에 오줌을 자주 지렸다. 오줌을 자주 지렸기 때문에 나는 조그만 독채 이불을 덮는 경우가 많았는데 내가 덮고 자던 이불은 얼룩덜룩 갈색의 지도가 많이 그려져 있었다. 자다가 엉덩이 부근이 뜨뜻하다 싶으면 영락없이 오줌을 지린 것이다. 어떤 재수 없는 날은 하룻밤에 두 번도 쌌다. 어머니에게 혼날 일이 걱정되어 이불 귀퉁이를 잡고 짜느라 부스럭대다 보면 어머니에게 들키는 것이다.
"아이구, 저 문디자석이 뭐가 될라꼬 저라노, 또 오줌쌌더나?"
아! 숨을 쉴 수가 없었다.

밤에 잠자기 전 걱정이 되어 물을 일절 먹지 않았다. 그리고 잠도 되도록 늦게 잤다. 그러나 소용이 없었다. 지금도 그렇지만 뒤통수에 수면 버튼이 있는 것처럼 베개만 베었다 하면 금방 곯아떨어졌고 깨어나질 못했다. 거의 기절 상태로 잠을 자는 것이다. 어떤 밤은 오줌이 마려워 화장실로 갔다. 바지를 내리고 힘주어 시원하게 배설했다. 그런데 영 개운하지가 않다. 화들짝 놀라 잠에서 깨면 옷을 입은 채 그대로이고 방바닥엔 오줌이 흥건했다. 오줌을 자주 싸니 나는 요를 깔고 잔 기억이 없다. 밤이 두려웠다. 잠자는 것이 무서웠다. 나는 왜 이 모양일까 자책도 많이 해봤지만 여전했다.

어른들은 밤에 아이들이 이불에다 오줌을 지리면 창피하게 하거나 정신적 충격을 주어 다시는 오줌을 못 싸게 할 수 있다고 생각했던 것 같다. 그래서 키를 둘러씌워 앞집이나 뒷집으로 소금을 받아 오게 하는 것이었다. 그 집에 또래의 여자애가 있으면 그 자체로 죽을 맛이고 여자애가 없고 남자애가 있더라도 온 동네로 퍼지는 소문은 막을 수 없다. 딱히 뉴스거리가 없던 시절이고 보면 보통 큰 뉴스거리가 아닌 것이다. 그러면 한동안 동네에서 기 펴고 살 수 없었다. 오줌싸개는 보통 창피한 것이 아니었다.

지금 아이들은 민속박물관에 가야 키를 볼 수 있다. 그러나 내가 자라던 시절에는 생활의 필수 도구였다. 지금은 석발기가 있어서 쌀에 있는 돌을 골라내거나 아니면 콤바인으로 수확하기 때문에, 쌀에 돌이 섞일 가능성을 원천적으로 차단하고 있지만 당시는 밥을 먹다가 돌을 씹는 일이 비일비재하였다. 며느리가 밥 담당이고 치아가 시원찮은 시아버지가 돌을 씹는 날은 며느리의 초상 날이었다.

그때의 농촌 풍경은 탈곡기를 큰 마당에 대고 장정 둘이 힘차게 밟아가며 나락을 떨어내었다. 나머지 사람들은 볏단을 두 장정 옆으로 쌓아두는 보조 역할을 하였다. 그러면 맨땅 마당에 수북이 낱알이 떨어져 쌓인다. 이렇게 쌓인 벼를 풍구로 지푸라기 같은 불순물을 일단 바람에 날린다. 어느 정도 불순물이 제거되었다 싶으면 퍼 담아 멍석 위에서 말렸다. 건조 정도가 마음에 들면 방앗간에 가서 쌀로 도정을 하는데 아주 작은 돌들이 섞여 들어가기 마련, 그래서 밥을 하는 사람은 일단 키로, 도정할 때 섞인 왕겨 부스러기 같은 불순물을 걸러낸 다음 쌀을 씻는 과정에서 조루('조리'의 방언)로 살살 돌리면 가벼워 물에 뜨는 쌀과 상대적으로 무거워 바닥에 가라앉은 돌을 분리하는 것이다.

그날도 밤에 영락없이 오줌을 지린 날이었다. 어머니는 나의 상태가 심각하다고 하여 내 병을 고칠 방도로 쌀을 까부는 키를 둘러씌웠다. 나는 안 쓰겠다고 떼를 썼지만, 어머니의 얼굴이 무서워 반항은 크게 못 했다. 그날따라 노기를 띤 아주 험한 얼굴이었기 때문이었다. 그리고 나를 뒷집으로 보내 소금을 얻어오라고 하셨다. 나는 키를 둘러쓰고 작은 박 바가지를 들고 뒷집으로 갔다. 다행이다 싶은 것은 그 집에는 내 또래의 아이들이 없었다. 황정구는 둘째 형 동갑이었고 황정근과 황정연은 누나보다 한 살 위, 한 살 아래의 나이이고 중학교 때 이미 시내에 나가 학교에 다니고 있었다. 그런데 분위기가 이상했다. 평소에 나에게 항상 웃어주시던 아주머니께서도 아주 험악한 얼굴로 소금 얻으러 왔냐고 고함치셨다. 나는 그 자리에 얼어붙었다. 아니 이럴 수가. 저 아주머니께서 나에게 저러실 수가. 나는 그만 큰 소리로 울어버렸다. 다른 방도가 생각이 나지 않았기 때문에, 일단 울고 보았다. 작은 박 바가지에 소금을 얻어 들고 울면서 집으로 왔다.

  의학이 발달하지 못하고 의학의 혜택도 크게 받을 수 없었던 당시는 알 수가 없었지만, 내가 야뇨증이 있다는 것을 나중에 알았다. 가족의 병력에 신장이 약하다는 얘기도 들었다. 약한 신장과 야뇨증은 병인데 그것을 창피 주어 고치게 한다는 것은 어불성설이다. 낮에는 3시간 정도 오줌을 누지 않아도 괜찮지만, 밤만 되면 이상하게도 화장실로 가고 싶은 것이다. 막상 간다고 해도 많은 양도 아니다. 그러나 잠자기 전 자리에만 누우면 방광이 가득 찬 느낌이 들어, 한 방울의 오줌이라도 방광에서 들어내자는 심정으로 화장실을 들락거린다. 약이 있다고는 하나 옛날처럼 귀신 나오는 구세(화장실의 경상도 사투리)도 아니고 아파트 내에 존재하므로 크게 두려워하진 않는다. 전립선 비대중이라고 해도 그렇게 창피함을 가질 나이는 아니다.

2부
세상 참!

고양이 톰

내가 닭을 키운다고 누군가에게 말하면 거의 모든 사람이 '언제 잡아먹을 거냐?'고 묻는다. 사람들은 먹기 위해 짐승을 키우는 것으로, 아니면 돈을 목적으로 짐승을 키운다고 선입견을 갖는 것이 일반적이다. 특히나 닭은.

내가 짐승을 키우는 목적은 조금 다르다. 난 그들과 같이 있으면 마음이 편해지고 먹이 주는 나를 뒤따라 다닐 때는 행복하기까지 하다. 내가 키우는 짐승은 내가 먹지 못한다. 개든 닭이든 마찬가지이다. 20여 년 전까지만 해도 난 개고기를 먹었다. 몸이 허하다 싶을 때는 보신탕 한 그릇 사 먹곤 했다. 그러던 내가 단

독 주택에 살면서, 그래서 진돗개를 키우면서부터 개고기를 먹지 말아야겠다고 생각했고 현재까지 개고기를 먹지 않았다. 남들은 맛있다고 하지만 나는 그다지 맛있다고 느끼지 못했다. 그렇다고 개고기 먹는 사람들을 달리 생각하고 싶진 않다. 그건 그 사람의 일이니까.

무성산의 한 골짜기인 한천 장낙골에 닭장을 지었다. 사곡 동천보 배밭 속에서 살 때부터 키우던 짐승들을 시내로 나오면서 없앨 수가 없어서 무성산 골짜기에다 비교적 넓고 튼튼하게 우리를 지었다. 튼튼하게 지은 이유는 닭을 노리는 외부 야생 동물들로부터 닭을 보호하기 위해서다. 거위도 같이 키우는데 거위는 닭을 지키는 파수꾼이다. 내부적으로 닭을 괴롭히기는 하지만 죽이지는 않으므로 괜찮다. 닭장이 있는 곳이 산기슭이므로 삵, 족제비 같은 동물들이 닭을 호시탐탐 노리지만 닭장 앞에 개들이 살고 있고 닭과 함께 거위가 있어 안심할 수 있다.

그런데 문제는 쥐이다. 나는 닭은 안 잡아먹는 대신 달걀을 목적으로 한다. 그런데 닭장의 울타리를 뚫고 쥐들이 다닌다. 주로 땅속으로 길을 낸다. 이 쥐들의 번식력은 대단하다. 한 달에 한 번 정도 새끼를 낳는데 숫자가 불어나는 속도는 과히 기하급수적이다. 처음에는 땅에 흩어진, 혹은 모이 그릇에 남아있는 닭 모이를 탈취하기 위해 드나들다가 달걀까지 노리는 데 난 달걀을 하나도 건질 수가 없이 껍질만 남기고 다 먹어 치운다. 심지어 내가 닭장에 들어갔는데도 달걀 둥지에서 달걀을 먹고 있다.

이 쥐들을 퇴치하기 위해 어떻게 해야 하나. 쥐약을 놓자니 닭들이 먼저 죽을 것 같아서 포기하고 쥐덫을 설치하자니 쥐약과 마찬가지다. 며칠 고민하다가 닭장에 고양이를 키워 볼 생각도 했지만, 고양이가 커서 닭들을 해치면 어떡하나 고민되어 선뜻 결정을 못 내리던 차 공주 오일장에 고구마 줄기를 사러 갔다.

마침 병아리, 강아지, 고양이 새끼, 토끼 새끼 등을 트럭에 싣고 다니며 파는 동물 장수가 있었다. '어릴 적부터 닭들과 함께 지내면 닭을 해치지 않겠지!' 하고 좋은 방향으로 생각한 끝에 고양이 새끼를 흥정했다. 다른 새끼들은 '하악질'을 하며 자기 보호하느라 공격성을 띠는데, 목에 빨간 목걸이를 한 새끼 한 마리는 사람의 손길을 거부하지 않는 것으로 보아 집에서 길러진 것 같아 '도망가지 않겠지!' 하고 데려왔다. 약간의 경계심으로 나를 대하긴 했지만, 먹이를 주고 쓰다듬어 주고 하니 닭장 안에서 잘 따랐다. 비록 새끼 고양이일지라도 닭장에서 고양이 울음소리가 나는 그 순간부터 쥐들은 사라졌고 나는 나의 결정에 만족해했다.

나만 보면 '냐옹' 하고 울음소리를 내며 반겨줬으므로 의성어에서 나름 귀엽게 이름을 '나옹'으로 지어줬다. 사춘기가 오니까 이놈이 닭장 바깥으로 자주 나갔다. 어떤 때는 싸운 흔적이 역력하게 얼굴과 몸에 털이 빠져 있기도 하고 어떤 때는 2~3일 안 들어와 애간장을 태운 적도 있지만 어쨌거나 자신이 자란 닭장이 자기 집으로 알고 며칠 걸리더라도 들어오긴 했다.

그런데 작년 2월이었다. 닭장에 들어갔더니 이놈이 '냐옹'거리는데 힘이 없다. 자세히 보니 탈장이 되었다. 병원에 데리고 가기 위해 붙잡으려 하니 도망을 다녀 잡을 수가 없다. 그렇게 3일이 지나갔다. 고통이 너무 커 힘이 다 빠질 무렵 나에게 잡혀 주었다. 데리고 신관동에 있는 강북동물병원에 갔다. 수의사 왈 대장 80%가 상했으니 잘라내고 집어넣는 수술을 하면 살 가능성은 있으나 확률이 희박하고 돈이 많이 든다고 했다. "얼마 정도냐?"고 했더니 100만 원이 넘어간다고 했다. 100만 원 이상의 돈으로 확실히 살릴 수 있다면 아내 몰래 해결해 보겠지만 살 확률이 낮은 고양이에게 많은 돈을 쓴다는 것이 현명해 보이지 못했다. 고민했다. 아니 고민스러웠다. 결국 눈물로 보내는 안락사를 선택했다. 농막 근처에 '나옹'이의 무덤을 만드는 것으로 미안함을 대신했다.

그리고 두어 달이 지나갔다. 지인이 새끼 고양이 2마리를 구해 줬다. 한 마리는 알록달록한 삼색 고양이이고, 한 마리는 흰색과 검은색이 섞인 흑백 고양이였다. 나는 이 흑백 고양이를 턱시도 고양이라 칭했다. 턱시도 입은 사람 같았기 때문이다. 사람과 함께 산 고양이 새끼라 사람에 대한 경계심이 없었다. 그리고 내가 개집에 들어가 사료를 주고 개똥을 치울 때 들어오려고 해서 여간 걱정스러운 점이 아니었다. 하루는 나를 따라왔다가 개에게 물렸다. 즉시 나는 손을 다쳐가며 개의 입을 벌려 고양이 새끼를 구했는데 그때 놀라서 고양이 새끼가 바깥 풀 속으로 도망을 갔다.

따라 나갔지만, 찾을 수가 없었다. 가시넝쿨과 칡넝쿨 고사리 등 풀들이 엉켜있는 풀 속으로 도망을 갔으니 찾을 수가 없었다. 그리고 너무 어린 고양이 새끼인지라 집을 다시 찾아올 것이라 상상하는 것도 상식적이지 못했다. 넓은 풀밭을 헤맸다. '냐옹냐옹' 고양이 울음소리를 내면서 이리저리 헤맨 지 몇 분이 지났다. 풀 속에서 고양이가 응답하는데 가늠할 수가 없다. 가시에 찔려가면서 소리 나는 쪽으로 갔더니 울음소리가 다른 데서 난다. 몸을 낮춰 풀 속으로 기어들어 갔더니 3~4미터 전방에서 바스락 소리가 들리고 울음소리는 그쳤다. 계속 '냐옹' 하며 부르니 응답한다. 살금살금 가서 보듬어 안았다. 크게 거부하진 않았다. 데려다가 수건으로 닦이고 안심시킨 다음 닭장 안에 만든 캣타워로 데려가니 구석으로 도망치듯 들어간다.

그리고 또 2~3일이 지나갔다. 개집 문을 여는 순간 이번에는 삼색 고양이가 죽어 있고 우리 개가 자랑스럽게 고양이 새끼 사체를 내게 보인다. 순간 화가 치밀어 막대기로 개를 두들겨 패줄까 하다가 '개가 뭘 알겠어, 본능대로 한 것뿐인데' 하고 새끼 고양이 사체를 나옹이 무덤 옆에 만들었다.

그 후로 한 마리 남은 이 턱시도 고양이는 무럭무럭 자랐다. 너무 외로워 보여서 이 고양이를 가져다준 지인에게 '고양이 새끼 또 낳았냐?'고 물었더니 그렇다고 하며 또 주겠다고 했다.

그러니까 이 턱시도 고양이의 동생 되는 셈이다. 그중 한 마리가 또 다른 개집에 들어가 참변을 당했다. 개나 고양이나 심지어 닭까지도 내가 키우던 짐승을 다른 집에 못 보내는데 고양이 보호를 위해 '개 두 마리 정도 입양을 보냈으면 어떨까?' 하는 생각이 들었다. 마침, 개를 받겠다는 사람이 있다고 지인이 알려 주었다. 축사를 지키는 용도로 가져가겠다고 했다. 혹시나 '개장수'는 아닐까, 아니면 '개고기를 좋아하는 사람은 아닐까?' 하는 생각은 들었지만 보내기 위해 아닐 것이라고 자신에게 최면을 걸었다.

그래서 개 네 마리 중 두 마리를 입양 보내고 두 마리만 남았다. 고양이도 두 마리만 남았다. 먼저 온 턱시도 고양이는 덩치가 크고 나중에 온 고양이는 덩치가 작고 호랑이 무늬인데 회갈색이다. 남들이 보면 어미와 새끼인 줄 알겠지만, 형과 동생이다. 둘은 사이좋게 지낸다. 그리고 장난도 좋아한다. 장난치는 모습을 보면 만화 '톰과 제리'에 나오는 그 모습이고 털 색깔도 그렇다. 그래서 나는 큰 놈을 톰, 작은 놈을 제리라 부른다. 조금 이상하다 쥐여야 하는데.

여름 장마통에 닭집 안이 습해서 그런지 피부병이 났다. 동물병원에 가서 약을 사다가 뿌려주길 10여 일, 차도가 없었다. 먹는 약을 사서 10여 일 꾸준히 먹였더니 다 나은 것도 같다. 그래서 그런지 톰은 나를 너무 좋아한다. 내 차 소리가 나면 강아지처럼 달려온다. 운전 중에 고양이가 안 보이면 다칠까 걱정되어 조심조심 운전한다. 그리고 차를 세우고 문을 열면 차 안에 뛰어올라 무작정 부빈다. 그리고 닭장까지 가는 길에도 내 다리에 부비느라 발에 차이기도 하고 땅에 뒹굴기도 하는데 밟을까 여간 조심스럽지 않다.

　다른 동물들 다 돌보고 내 방에 오면 동생은 '나 몰라'라 내팽개치고 내 뒤를 따라온다. 내가 준 사료도 제대로 먹지 않고 나만 따라다닌다. 어려서부터 많은 고양이와 자란 나이지만 톰처럼 사람을 따르는 고양이는 처음이다. 방에서 책을 보면 이불 위에 올라가 느긋하게 잠을 잔다. 축대를 쌓거나 텃밭에 김을 매고 있으면 주변에 와서 그늘을 찾아 드러눕는다. 농막에서 아파트로 오려는 순간 한 차례 톰과 전쟁을 벌여야 한다. 내일 온다고 귀에 다 대고 안심을 시키면서 집어던지듯 땅에 내려놓고 도망친다.

곰나루 전설

 장깃대 나루에서 마을로 들어오는 입구, 국 고개에는 커다란 동구나무가 있었고 이 동구나무는 어른들이 팔을 벌려 여섯 명이 맞잡아야 닿을 수 있는 크기의 둥치를 자랑하고 있었다. 나무가 크고 오래되었으며 누구도 이 나무의 나이를 아는 사람이 없었다. 대대로 나무의 나이를 노인들께 여쭤보면 "우리 어릴 때도 저만 했어"라고 대답할 뿐이었다.

 제민천 동네에 사는 사람들은 새해를 맞이하거나 동네의 길, 흉사가 생기면 이 나무에 고하고 빌었다. 이 나무는 신성한 제사 의식을 행하는 장소였고 이정표 구실도 하였다. 그 흔적으로 빨강, 파랑, 노랑, 하양, 검정의 천 조각들이 새끼줄에 꼬여 늘 걸려 있었고 동네 아이들은 어려서부터 나무에 신이 살고 있다는 소리 들으며 자랐고 나무에 올라가 놀기는 했지만 가지를 꺾거나 나무에 위해를 가하는 행위는 삼갔다. 나무의 신이 노하면 벌을 준다는 어른들의 말씀을 받들고 있었다.

 이 나무에 관해 전해져 오는 이야기는 대충 이러하였다. 어떤 집에서 이 나뭇가지를 베어다 군불을 땠는데 1년 새 아버지는 벼락을 맞았고 어머니는 실성했으며 자식들은 마마로 전부 죽었다는 흉한 소문이 그것이었다. 또 다른 얘기로는 어느 목수가 이 나무의 가지를 잘라 집 서까래로 썼는데 상량식 날 대들보를 올리다 떨어지는 대들보에 깔려 장애인이 되어 죽을 때까지 고생했다는 이야기였다. 그래서 사람들은 이 나무에 신이 살고 있다는 사실을 철석같이 믿었으며 신을 일컬어 목신이라고 했다. 강 건너 사는 사람들은 배처럼 생긴 공주 구시내 안, 옴팡한 제민천 가에 사는 사람들 전부를 '나무족'이라고 불렀다. 느티나무를 수호신으로 여기며 살아가는 부족이란 뜻이었다.

 한편, 곰나루 건너 연미산을 중심으로, 한 무더기는 상서리 언저리에서 동대리까지, 한 무더기는 쌍신의 개뜰 주변, 즉 정안천과 금강이 만나는 범람원 주변의 도토방이 마을과 지금의 끼깨다리 위쪽 신웅리, 도천리, 내산리 일대로 흩어져 살던 부족이 있었는데 그들은 곰을 수호신으로 삼고 있다는 공통점이 있었고 연미산 아래 신웅리를 중심으로 한 마을이 가장 컸으며 족장도 그곳에 살고 있었다. 이 부족들은 연미산에 살고 있는 곰신(熊神)에게 늘 제사를 지냈다. 이 곰은 힘이 셀뿐만 아니라 심술이 나면 마을에 내려와 가축을 해치곤 하였는데 부족민들이 곰을 쫓으려 할수록 피해만 키울 뿐이었다. 그래서 마을 사람들은 아예 수호신으로 정하고 지극 정성으로 곰을 모셨다.

신웅리와 도천리를 나누는 경계로 한천이 흐르는데 그 경계지점에 집채만 한 바위가 하나 있었다. 그저 두루뭉술한 바위였다. 얼핏 보면 큰 감자 같기도 하고 다르게 보면 눈사람이 넘어진 형태 같기도 한 바위를 그들은 곰이라고 여겼다. 이들도 이 바위를 성물(聖物)로 여겼고 새해마다 그리고 동네의 길, 흉사가 있을 때마다 이 바위를 찾았다. 그래서 나무족들은 이 부족을 곰족이라고 불렀다.

이 나무족과 곰족은 금강을 경계로 살아가고 있었다. 양 부족장들은 보다 더 강력한 권력을 쥐기 위해 인구수를 늘려야 하였다. 늘어난 인구는 곧 생산력이었다. 따라서 늘어난 인구수만큼 권력도 커지는 것이었다. 그래서 각 부족은 인구수를 늘리기 위해 노력하였다. 인구를 늘리는 방법은 자연 생산에 의존하는 방법도 있지만 전쟁을 통해 사람을 잡아 오거나 땅을 빼앗아 부족 전체를 통합하는 것이 더 빠른 길이었고 그래서 서로는 호시탐탐 정복할 기회를 엿보고 있었다.

푸른 비단강이 넘실대고 곰나루 푸른 솔밭은 싱싱하게 물이 올라 봄 햇볕을 튕겨내고 있었다. 제민천을 중심으로 도장굴에도 대여섯 채의 가옥이, 물안주에도 두어서넛 채, 지막골에도 서너 채, 장대 거리에는 제법 많은 이십여 호의 가옥이 그리고 큰샘 거리에도 십칠팔 채의 집들이 모여 사람들이 살고 있었는데, 우금티에서 금강이 맞닿는 지점까지 버섯처럼 옹기종기 모여 있고 밥때가 되면 집집마다 굴뚝에서 하얀 연기가 하늘로 오르고 있었다. 봄이면 곰나루로 가는 길목인 되창이 고개 오솔길 양옆으로 야생 복사꽃과 개나리, 진달래가 지천으로 피고 냉이꽃, 꽃다지, 양지꽃, 봄까치꽃 등이 봄을 알리며 주단처럼 깔려 있었다.

  큰샘 거리 동네에서 지게를 지고 나온 청년은 되창이 고개를 넘어 곰나루로 가서 나룻배를 타고 연미산으로 갈 생각이었다. 연미산에는 굴참나무가 많아 베어다 땔감으로 사용하면 안성맞춤이었다. 이 청년은 지난겨울에 큰샘 거리에서 가장 이쁘다는 아가씨와 결혼하여 주변의 부러움을 샀다. 각시가 이쁘다 하여 겨우내 붙어 있다 보니 땔감이 거의 바닥났다. 그리고 땔감을 해서 팔아야 가족을 부양할 수 있었다. 능티나, 우금티로 가서 땔감을 해 올 수도 있었으나 나무족의 숫자가 점점 불어나서 아껴야만 했고 연미산에는 곰족의 땅이기도 하려니와 나룻배로 실어 나르면 힘도 훨씬 덜 들 뿐만 아니라 양질의 참나무 땔감을 얻을 수 있었다. 다만 곰족을 피해야 하는 위험 부담이 있었다.

  청년은 삿대를 저어 연미산 아래에 배를 대었다. 아름드리 굴참나무들이 빽빽이 들어서 있었다. 강 바로 위쪽 커다란 굴참나무를 하나 정하고 톱질하기 전 잠깐 머리 숙여 나무를 베겠노라고 목신에게 고(告)하였다. 그리고 커다란 톱으로 슬근슬근 톱질하였다. 봄바람이 살랑거리긴 했으나 계속 톱질을 하다 보니 이마에 땀방울이 송골송골 맺혔다. 그러나 집에 있는 아리따운 각시와 부모님을 생각하면 힘든 줄 몰랐다. 이윽고 나무가 넘어가고 잔가지를 정리할 무렵이었다. 언제 왔는지 모르게 곰족 전사들이 창을 들고 주변을 에워싸고 있었다. 청년은 까무러칠 뻔하였다.

십여 명의 곰족 전사 중 대장인 듯한 자가 물었다. "웬 놈이냐?" 청년은 아내의 얼굴이 제일 먼저 떠올랐다. '일이 잘못되어 죽기라도 한다면 그래서 다시는 아내의 얼굴을 볼 수 없다면' 하고 생각하니 머릿속이 하얘지고 앞날이 깜깜하였다. 무조건 잘못했으니 목숨만 살려 달라고 싹싹 빌었다. "누구냐고 묻지 않느냐?" 대장인 듯한 자가 재차 큰소리로 물었다. 청년은 얼른 무릎을 꿇고 "저 강 건너 큰샘 거리에 사는 사람인데 땔감이 떨어져 나무를 베던 중이었습니다. 죽을죄를 지었습니다." 겁에 질린 청년은 감히 얼굴도 들지 못하고 얼굴은 땅에 댄 채 두 손은 뒤통수 위로 올려 빌고 또 빌었다. "아니 그러면 이놈은 나무족이 아니냐? 포박하거라." 명령이 떨어지자 창을 들고 빙 둘러싸고 있던 장정들이 삼베 노끈으로 청년을 결박하였다. "족장님께 끌고 가라." "예" 장정들은 결박한 청년을 끌고 신웅리 족장에게 갔다.

강가 연미산 기슭에서 끼깨다리를 지나 한천을 따라 올라오니

족장의 집이자 곰족의 본부가 보였다. 집채만 한 바위가 집 뒤에 버티고 있고 넓은 마당은 바짝바짝 붙어 선다면 100여 명의 장정을 수용할 정도의 넓이였다. "웬 놈이더냐?" 족장이 근엄한 목소리로 대장에게 물었다. 대장은 나무족 청년을 족장 앞에 꿇어앉히며 "예, 강 건너 나무족인데 이놈이 우리 숲에서 나무를 베고 있었습니다. 그래서 잡아 왔습니다." "그래, 얼굴을 들어라." 나무족 청년은 벌벌 떨면서 잔뜩 겁을 먹은 표정으로 두 손을 뒤로 결박당한 채 울부짖듯 "한 번만 살려 주십시오, 죽을죄를 지었습니다." 하며 연신 머리를 숙였다. "어허 그놈 참, 누가 죽인다고 했더냐?" 그러면서 장정들에게 명령하였다. "결박을 풀어주거라." 묶인 나무족 청년은 "예엣?" 하고 하마터면 소리가 바깥으로 나올 뻔하였다. 죽지는 않겠구나! 다소 안심이 되었다. "어이하여 우리 부족의 땅에서 그것도 수호신 곰이 사는 산에서 나무를 베었더냐?" 청년은 땅에 꿇어앉은 채 고개를 숙이고 작은 목소리로 "땔감을 마련해야 그것으로 살아가는데~, 그저 죽을죄를 지었습니다. 한 번만 용서해 주시면 다시는 그런 짓 하지 않겠나이다." 손이 발이 되도록 싹싹 빌었다. 더 이상 추궁할 내용이 없었던지 족장은 "이놈을 일단 가두어 두거라." 하고는 뒷짐을 진 채 바깥으로 사라졌다.

이 족장에게는 과년한 딸이 있었다. 나이도 열여덟 살이고 얼굴도 그렇게 미인은 아니지만 그렇다고 못난 얼굴도 아니었다. 문제는 시집갈 나이가 되었음에도 곰족의 청년들과 어울려 들로, 산으로 뛰어다니며 사냥과 무술 연마에 심취해 있었다. 이런 추장의 딸에게 곰족의 어느 청년 하나 남자로서 접근하지 못하였고 그냥 대장 동료로만 생각하고 있었다. 추장은 딸에게 시집가서 아들을 낳아 대를 잇기를 바랐으나 딸의 생각은 아버지의 바람은 의중에 없었다.

그러던 그녀가 헛간에 갇혀 있는 나무족 청년을 보았다. 첫눈에 불꽃이 튀었다. 그러나 자신의 심중을 아버지에게 내보이지 못했다. 그날 이후로 그녀는 행동이 이상해졌다. 우선 말이 적어졌고 사내 같던 말투가 가늘어졌으며 산으로, 들로 활과 칼을 차고 달리던 일들이 재미가 없어졌으며 집 바깥으로도 출입을 삼갔고 자기 방에서 나오려고도 하지 않았으며 식욕도 줄어들었다. 전과 다른 이런 행동이 2~3일 지속되자 추장 부인이 가장 먼저 눈치를 채었다. 그리고 추장에게 딸의 행동이 이상하지 않냐고 물었다. 그때까지 큰 관심이 없었던 추장도 그러고 보니 딸의 행동이 이상한 것 같았다. 그래서 다음날 딸에게 물어보기로 하고 일단 잠자리에 들었다.

다음 날 추장은 딸을 불렀다. "웅녀야, 왜 요즈음 나다니지 않고 방에만 머물러 있느냐? 안색도 안 좋고 어디가 불편한 게냐?" "아니에요, 아버지…." 말도 길게 하지 않고 말할 의욕이 없는 것 같았다. "아버지, 저 가서 쉴게요." 하고는 물러나 자기 방으로 들어가 버린다. 그런 딸이 추장은 몹시 걱정되었다. 추장의 부인은 눈치가 빨랐다. 딸의 행동이 이상해진 것이 나무족의 청년을 보았기 때문이라고 확신하였다. 머슴애만 같았던 딸이 여자의 징후가 보였던 것이었다. 그래서 추장에게 넌지시 말을 건넸다. 그러자 추장은 반색하며 "아! 그럼, 결혼만 시키면 되는 거잖소?" 그리하여 결혼식이 성대하게 이루어졌고 그 후로 딸은 임신하고 아이를 출산했으며 두서너 해가 흘러갔다.

세월이 흘러갈수록 이 나무족 청년은 두고 온 색시 생각에 잠을 이루지 못하는 일이 잦아졌다. 달이 뜨면 금강 너머로 바라보며 우수에 젖었고 낮에 일을 하다가도 자신도 모르게 멍하니 금강 너머로 눈길을 던졌다. 그런 그를 추장의 딸은 안타까움과 함께 감시를 소홀히 하지 않았다. 그녀는 남편을 너무 사랑했지만, 남편은 그런 아내가 자신을 속박한다고 느꼈다. 자나 깨나 큰샘거리에 두고 온 각시가 그리웠다.

바람이 몹시 부는 어느 날이었다. 연미산의 굴참나무 낙엽이 가을바람에 이리저리 휘날리고 강물은 희번덕거리고 있었다. 이 나무족 청년은 곰족 마을 사람들의 눈을 피해 한천을 따라 살금살금 금강 기슭으로 내려왔다. 그리고 지체 없이 풍덩, 금강에 몸을 던져 헤엄치기 시작하였다. 한편, 아기를 둘러업고 큰 아이는 걸리며 숙부댁에서 돌아오던 추장의 딸은 멀리서 강 중간쯤 헤엄치고 있는 신랑을 발견하고 반 정신이 나간 상태로 울부짖었다. "여보, 그 강 건너지 마오." 그러나 들을 리 없는 신랑은 계속 헤엄을 쳐 멀어져 갔다.

바람이 불고 노을이 붉게 강을 적시던 그날, 헝클어진 머리칼과 흩어진 옷매무새 그대로 하늘을 향해 곰처럼 포효하던 추장의 딸은 양쪽 겨드랑이에 자식을 하나씩 끼고 남편이 헤엄쳐 간 연미산 기슭 금강 변의 바위에 올라 비탄에 젖어 탄식하다가 강물로 뛰어들었다.

그 후로 사람들의 입에서 입으로 전해져 내려오는 전설이 있었다. 그 전설이 곰나루 전설인데 대략 이러하다. "나무꾼이 연미산에서 나무하다 암곰에게 붙들려 아기 낳고 살다가 도망쳐 강을 건너자, 암곰이 절망한 나머지 새끼들과 함께 금강에 빠져 죽었다는 이야기다.

공산성의 달

　　　　　　　　　　　　　　　　　　　무주구천동에서 발원한 금강은 북서진(北西進)하면서 금산을 지나고 대전을 휘돌아 흐르다 공주 곰나루에서 거의 직각으로 꺾여 부여로 남진(南進)한다. 굽이굽이 흐르며 골짜기마다 사람들을 먹여 살리고 주변의 땅을 깎고 다듬어 눈부신 풍치를 만들어서 이름도 비단강이라고 했다. 갈수기에는 넓은 백사장에 물새들이 알을 낳고 새끼를 키우고 물이 흐르는 기슭으로는 갈대와 부들이 군락을 이룬다. 금강의 물이 풍부해질 무렵 연미산 꼭대기에 올라 금강을 바라보면 무릉동, 월송동 앞을 지난 강물은 연미산 아래쪽 죽당리 앞으로 흐르고 저녁노을이 비단강에 철푸덩 뛰어들어 강물은 가을 홍시의 빛깔로 바람에 휘날리는 빨랫줄의 비단 천처럼 나부낀다.

넓은 백사장이 만들어진 곰나루는 시내 쪽으로는 곰솔밭을 이루고 공격 사면인 연미산 쪽으로 파고들어 바위를 조각하여 암석 절벽을 만들었고 이 범상치 않은 풍경은 예로부터 공주 사람들의 상상력을 자극하여 곰나루 전설을 만들게 하였다. 그리고 이 아름답고 포근하게 사람을 품에 안아주는 곰나루는 공주 초, 중, 고 학생들의 단골 소풍지였다. 도시화가 본격화되던 1970년대에 사람들은 환경에 신경을 쓰지 않았다. 늘 주기만 하는 환경의 고마움을 몰랐다. 그래서 함부로 다룬 결과 한때는 악취가 진동할 정도로 망가져 공주 사람들도 강을 외면하는 환경의 보복을 받았지만, 현재 오폐수의 분리 처리로 다시 맑아지고 있어 안도감을 준다.

 여름방학이 되면 금강은 아이들의 놀이터였다. 겨울에도 마찬가지였다. 지금은 재첩 하면 섬진강이지만 금강이 오염되기 전까지 전국에서 가장 알아주는 재첩은 금강의 재첩이었고 그 유명세는 서울에 있는 왕에게 진상해야 할 만큼 유명했다고 한다. 금강은 참게로도 유명하다. 민물매운탕을 좋아하는 사람들은 잘 알겠지만, 참게로 만든 민물매운탕은 부자지간에도 다툴 정도라 하니 그 맛이 어떠한지 짐작들 할 것이다.

 타지인들이 공주에 오면 옥룡 대교에서 대전 쪽으로 바라다보는 강의 경치에 넋을 잃는다고 말한다. 공주대에 재직 중이던 프랑스인 어느 교수는 옥룡 대교에서 바라본 금강을 프랑스 센강보다 낫다고 평했다고 한 얘기를 들었고 실제 필자가 유럽 여행

중 느낀 바로는 센강이 인공적인 조형물로 만들어져 '유명세'를 탄다면 금강은 자체의 자연미로 사람들에게 그 아름다움을 각인시키고 있다.

옥룡 대교 밑에 취수를 위한 돌보의 축조로 속도가 느려진 강물은 상류로부터 운반하는 토사를 퇴적시켜 노들섬이라는 하중도를 만들었다. 거기에는 버드나무를 비롯한 수생식물들이 뿌리를 내려 섬의 토사 퇴적을 더욱 가속시키는데 연초록 잎이 나오기 시작하는 봄에는 그림을 못 그리는 사람들에게도 한 폭의 수채화를 마음속으로나마 그려보게 한다. 이 비단 강물이 부딪히는 공산성은 절벽을 이루며 강과 함께 공주시를 대표하는 풍경을 어느 솜씨 좋은 화가의 작품처럼 빚어 놓았다.

"나올 텨?" 도영이는 확답을 받아야겠다는 듯 물었다. "알었어, 근디 울 언니 눈을 잘 피해야 하는디, 잘 될랑가 모르겄네." 영자는 자신이 없다는 듯이 말했다. 도영이는 애가 달았다. "그러니께 꾀를 내란 말이여, 언니를 안심시킬 수 있는…." 도영이는 퉁명스럽게 재차 답을 던지듯이 다그쳤다. "근디 밤에 공산성 무섭지 않을까?" 영자는 소문이 안 나게 만나려면 남들의 눈을 피해 으슥한 공산성이 좋긴 하지만 캄캄한 밤에 무서울 것 같았다. 그리고 불량배라도 만난다면 더욱 난감한 일이었다. "내일모레가 보름인디 뭐가 무섭다고 그랴? 쌍수정 앞으로 와." 도영이는 혹시라도 영자가 못 나오겠다고 말할까 봐 말이 끝나기도 전에 가로채듯 말했다. "그려 알았어." 하고 영자는 자신 없는 목소리로 대답했다.

  도영이는 공주에서 나고 공주에서 초, 중, 고등학교는 물론 대학도 공주에서 다니고 있었다. 영자는 서천에서 공주로 유학 온 여고생이었다. 한 사람은 대학생이고 한 사람은 고등학생인데 나이 차이는 한 살이었다. 도영이는 제민천 가에 집이 있었는데 자취방이 여러 개 있었고 그 자취방에 영자는 방직공장에 다니는 언니와 자취하고 있었다.

  당시는 만나봤자 손 한번 잡는 정도였다. 남자라면 사랑하는 여자를 결혼하기 전에는 순결을 지켜줘야 한다는 것이 사회 분위기였다. 지금은 어떤지 모르지만, 당시 여학교에는 교훈에 순결이 들어가는 학교가 많았다. 여자는 평생 한 남자밖에 몰라야 한다는 유교적 잔재가 여전히 압박하는 분위기였고 남자들도 거기에 어쩔 수 없이 순응하는 편이었다. 물론 그렇지 않은 사람도 가끔은 있었지만 대체로 그런 분위기였다.

  도영이는 저녁밥을 먹고 친구와 약속이 있다며 어머니께 말씀드리고 공산성으로 향했다. 어둠이 내려앉은 지 시간이 조금 흘렀으므로 9월 열사흗날 달은 약간 찌그러지긴 했어도 거의 원형에 가까웠다. 그리고 밤에는 약간 찬 바람이 부는 듯해 한낮의 짜증스러운 날씨를 상쾌하게 보상하고 있었다. 서문으로 향하는 길은 달빛을 받아 대낮처럼 환하게 빛났지만, 나무 그늘이 드리워진 쪽은 캄캄해서 무슨 짐승이라도 튀어나올 듯 긴장되었다.

그러나 기분만큼은 어디 가둬둘 수 없이 하늘로, 하늘로 날아올랐다.

쌍수정에서 바라보는 열사흗날 달빛은 금강물을 형광등 전구의 색처럼 더욱 빛나게 하였다. 강 건너 신관리는 어둠 속에 잠들어 동양화의 여백처럼 화폭의 시선을 주인공 쪽으로 돌리게 웅크리고 있었고 반면에 공산성의 굴곡은 달빛을 받아 더욱 뚜렷이 오르락내리락 구불거리고 있었다. 밤에도 매미 소리는 끊이지 않았다. 여름이 다 가기 전 반드시 짝을 찾겠다고 각오를 다지듯 악악대고 있었다.

시간이 흘러갔다. 휘영청 달빛은 처연하게 비단 강물 위로 빛났다. 오랜 시간이 지나갔다. 끝내 영자는 나타나지 않았다. 슬픈 노래 가사가 귓전에 맴돌았다. 공산성의 달은 밤의 눈이 되어 도영이의 애달픈 마음을 밤늦도록 지켜보았다.

낚시

낚시도 하나의 스포츠가 되고 방송의 프로그램으로 방영되기도 한다. 낚시하기 위해 장비를 챙기는 것을, 보통 채비라고 하던데 장비 중 낚싯대는 상상을 초월하는 고가품들이 많다. 한때 텔레비전 광고에 최신형 등산 장비로 마치 에베레스트산을 오르듯이 국내 산을 오르는 등산객이 그 산의 한쪽 비탈을 올라 정상에서 땀을 훔치고 있는데 다른 비탈로 동네 할머니 한 분이 호미 한 자루 달랑 쥐고 정상에 올라와 그 등산객을 쳐다보는 장면의 광고였다. 무엇에 대한 광고였는지 기억은 안 나지만 대수롭지 않은 일에 장비를 과도하게 챙긴다는 점이 뇌리에 깊이 자리 잡고 있다.

낚시를 무척 좋아했었다. 여름이 되면 2차 둑으로 망둥어 낚시를 다녔다. 둑을 쌓아 바닷물이 만으로 들어오는 것을 막기 전까지는 우리 동네에서 바로 망둥어를 낚을 수 있었겠지만 1차 둑과 2차 둑을 쌓아 간척사업을 한 이후로는 '소대미'까지 가야 했는데 거리가 보통 먼 것이 아니었다.

형들은 동네 뒤 대밭에서 곧은 대나무를 쩌다가 낚싯대를 만들었지만, 꼬맹이들은 형들이 낚싯대 만드느라 쳐내버린 대나무 가지로 낚싯대를 만들었다. 대나무 가지에다 어머니가 쓰시던 바느질 실로 묶고 낚싯바늘과 납으로 된 봉돌을 달았다.
만약 큰 물고기가 물면 실이 터졌을 것이나 한 번도 그런 걱정은 하지도 않았고 실제로 그런 일이 일어나지도 않았다.

형들은 낮에 갯지렁이를 잡아 뒀다가 밤에 더위도 식힐 겸 '소대미'로 낚시를 갔지만 우리 꼬맹이들은 낮에 낚시를 갔고, 형들은 둑에서 바다 쪽으로 낚싯대를 드리웠다면 우리는 내륙 쪽으로 낚싯대를 드리웠다. 그리고 형들은 감성돔을 대상 어종으로 노렸다면 우리는 주로 망둥어나 우럭 새끼가 목표 어종이었다.

꼬맹이들은 누군가 낚시 가자는 말을 꺼내기만 해도 신이 나서 먼 길일지라도 주저하기는커녕 마음이 먼저 달려갔다.

고향을 떠나서도 낚시하러 다녔다. 바다낚시를 못 가면 민물낚시라도 갔다. 중학교 재직시절 여름방학 때 식구들이 일어나기 전 새벽 5시 정도에 전날 기대와 아내의 잔소리 속에 정성껏 준비해 둔 낚시 가방을 메고 새벽안개가 자욱한 계룡 저수지 기슭에 자리를 펴곤 했다. 낚싯대를 핀 다음 야외용 안락의자에 몸을 비스듬히 하고 버너로 끓인 물에 믹스커피 한잔을 타 커피 광고의 주인공처럼 한 모금씩 마시며 혹시 흔들릴지 모를 찌를 바라다보고 있는 건 평화 그 자체였다.

"예? 형이 교통사고를…." 나는 말을 잇지 못했다. 밤이 깊은 시각에 전화라니 불길했다. "그래, 교통사고로 죽어 일산 병원 안치실에 있어" 누나는 울먹이는 듯한 목소리로 전했다. "아…." 말을 이을 수도 없었고 무슨 말을 해야 할지 머릿속이 하애졌다. 병원을 확인하고 아내에게 대충 이야기 건넨 다음 버스가 없어 조치원역까지 친구가 승용차로 태워 줘 기차에 몸을 실었다.

그렇게 낚시를 좋아하던 내가 낚시를 끊었다. 낚싯대도 몇 년간 창고에 처박아 놨더니 곰팡이가 슬고 낡아서 버렸다.

내가 낚시를 끊은 것은 전혀 인과관계가 성립하지 않는 사건으로 인해서이다. 그냥 혼자 그렇게 생각하고 혼자 그리 결정한 것이다. 이유인즉슨 바로 위의 개띠 형이 교통사고를 당해 저세상으로 갔다. 그것이 내 탓으로 생각되었다.

그러니까 28년 전, 내가 36살이던 부처님 오신 날에 금강으로 낚시를 갔다. 부처님 오신 날은 공휴일이었기에 아침밥 먹은 직후 집에서 가까운 금강으로 낚시하러 간 것이다. 릴낚싯대 두 대에 떡밥을 달아 던지고 오 분도 지나지 않았는데 릴 대의 방울 소리가 울렸다. 잡아채니 묵직하였다. 월척에 가까운 붕어였다. 삼십여 분 사이에 비슷한 크기의 붕어를 다섯 마리나 끌어올렸다. 한결같이 배가 불룩한 붕어였다.

집에서 손질한다는 것은 마누라와 일전을 불사하겠다는 강한 의지가 필요하므로 강에서 손질 다 해서 그릇에 담아 냉동실에 넣었으나 마누라는 비린내가 나고, 매운탕을 한 번도 끓여보지 않았다고 끓여주지 않았다. 그렇게 붕어는 우리 집 냉동실에 보관되어 있었다.

일산에 사는 형이 공주로 놀러 와 우리 집에 들렀을 때 마누라는 매운탕도 못 끓인다고 고자질할 겸 붕어를 줬더니 그 후에 맛있게 먹었다고 전화가 왔다. 그리고 달 반이 지났을까. 형은 39살 나이에 일산~서울 간 자유로에서 교통사고로 다시는 못 올 길을 갔다. 난 내가 죽을 죗값을 형이 대신 치렀다는 생각이 들어 피 울음으로 형을 보내야만 했다.

불교 신자는 아니지만 불교의 생명 존중 사상은 가치 있게 본다. 그런데 부처님 오신 날, 남들은 방생하는 마당에 그것도 뭇 생명으로 태어날 알이 가득 찬 붕어를 다섯 마리나 살생하였다. 그리고 내 낚싯바늘에 입이 꿰어 살겠다고 바둥거리는 물고기의 괴로운 몸짓을 나는 손맛이라고 즐겼다. 먹지도 않을 물고기를 낚아 죽이면서도 죄책감 없이 살았다. 전에는 한 번도 낚이는 물고기의 입장이 되어 生과 死를 생각해 본 적 없이 살았다. 그저 나를 위주로 사고하고 행동하는 좁은 품을 가졌었다. 형의 죽음이 붕어의 죽음과 인과관계는 없을지라도 나에게는 큰 교훈으로 다가왔다. '취미로 살생하지 않겠다'고 낚시를 접은 것이다.

농촌 탈출의 꿈

"아이구, 저 촌놈!" 촌사람을 비하 내지는 멸시하는 말이다. 지식이 짧아 무엇을 잘 모르거나 어떤 분야에 관심이 적어 남들보다 뒤처지거나 행동이 민첩하지 못한 사람을 보고 우리는 촌놈이라 한다. 이 말도 사용 빈도가 좀 낮아져 가고 있지만 이촌향도 현상이 한창일 60~70년대에는 정말 심했다. 난 70년대 초반에 수도권으로 이주해 갔고 촌놈 소리도 많이 들었다. 그래서 촌에서 태어난 나는 이 말이 참 싫었다. 요즘 아이들은 그가 시골에서 사는지 도시에서 사는지 구분되지 않는다. 외모상으로 그렇고 유행 측면에서도 마찬가지이다.

우리가 클 때는 시골 사는 사람과 도시 사는 사람들은 외모에서 구분이 되었다. 도시인들은 얼굴이 하얗고 입성이 깨끗했다. 그에 반해 시골 사람들은 거무튀튀한 얼굴에 흙이 묻고 때가 꼬질꼬질한 옷을 그냥 입고 다녔다. 가끔 도회지에 나가는 기회가 생겨 새 옷을 입고 간다고 할지라도 어색함에서 촌놈임이 드러났다.

시골에 사는 아이들은 대개 입성에 신경 쓰지 않았다. 아이들의 옷은 형이나 언니로부터 물려받은 옷이라 허름허름했다. 그리고 농사일이 가족노동이기 때문에 옷에 흙이 묻는 것이야 일상이었고 빨래도 자주 하지 않았으며 흙이 묻은 입성이라고 하여 서로 주의 깊게 보지도 않았다. 비슷하면 보이지 않는 법이다.

이런 시골 사람들은 도시 사람들과 비교될 때 비로소 열등감을 가지게 되었다. 특히나 '허여멀건'한 얼굴의 서울 사람들을 동경했는데 감칠 듯 부드러운 말씨와 행동은 경상도 사투리만 듣던 우리 동네 사람들에겐 특별하였다. 사실 서울 사람 만나기는 드문 일이었다. 교통이 불편하여 서울 한번 가려면 하루 종일 걸리는 데 특별한 일도 없으면서 서울에 놀러 갈 만큼 생활이 녹록지 않았다. 거꾸로 서울 사람도 우리 동네 올 경우도 드물었다.

언제인지는 정확히 기억나지 않는다. 아마 국민학교 3학년 때인지 4학년 때인지 조그만 계집애 하나가 전학을 왔다. 선망의 대상지인 충무시라는 도회지에서. 작고 동글동글하면서 하얀 얼굴이 귀여웠다. 그리고 검은색 바탕에 하얀 카라가 달린 교복을 입고 우리 학교로 전학을 왔다. 아니 교복을 입다니. 지금은 교복이 족쇄이니 통제용 복장이니 하지만 당시는 도회지에서 학교에 다닌다는 증명이었다.

사실 시골 살면서도 도회지에 사는 아이 같은 동무들도 있었는데 대개 부잣집 애들이라 일을 안 하는 애들이었다. 그런 집들은 머슴을 두고 있었기 때문에 가족노동에서 열외되었다. 열거하면 부잣집이라는 보통명사를 고유명사처럼 쓰고 있던 부잣집의 손녀딸 김선자, 아버지께서 교사이기에 농사를 짓지 않았던 하순두, 물려받은 재산으로 멸치 어장을 소유한 아버지를 둔 김숙환, 한티 동네의 부자 아버지를 둔 박성하 등 그들은 같은 시골에 살면서도 얼굴이 하얀 도회지 풍의 아이들이었고 이성으로부터 관심 좀 끌던 동무들이었다. 바로 그 점이 나를 자극하였다.

그래서 나도 도회지로 이사 가서 몇 년 살다 왔으면 삼삼할 것 같았다. 허여멀쑥한 얼굴로 동무들 앞에 나타난다면 동무들이 얼마나 부러워할까 생각하면서.

지금은 별로 쓰이지 않지만 내가 어렸을 때만 해도 많이 쓰이던 말 중에 "말이 나면 제주도로 보내고 사람이 나면 서울로 보내라"는 말이 있었다. 서울은 그때부터 지방의 모든 기능을 다 빨아들이는 블랙홀 같은 곳이었다.

중학교 2학년 때 나의 전학 얘기가 나왔다. 형들이 추석 명절에 고향에 와서 아버지와 소곤거리는 소리를 엿들었다. 그때 형들과 아버지의 얘기를 듣고 서울 전학을 기정사실화하고 있었는데 전학이 없던 일로 되는 데는 그렇게 오랜 시간이 걸리지 않았다. 얘기나 하지 말지. 나중에 안 사실이지만 학교에서도 내가 전학 가는 걸 원하지 않았고 아버지도 그다지 교육열이 강한 학부모는 아니었으며 무엇보다 형들이 나를 경제적으로 감당하지 못하는 부분이 가장 큰 이유가 아니었나 싶다. 잠시나마 상상에 빠질 때 행복했었다. 도회지에서 학교 다니다 방학 때 허연 얼굴로 동네에 나타나는 자신을 상상했을 때 복순이도 명자도 애경이도 날 연예인 보듯 할 테지.

형들 셋 다 서울에서 노동자로 공장에 다니고 있었다. 우리 집이 우리 동네에서 유일하였다. 우리 집이 동네에서 가장 부잣집이 될 청사진을 믿어 의심치 않았던 나는 오래도록 형들이 떼돈을 벌고 있는 줄 알았다. 나중에 안 사실이지만 당시 정부는 서울과 부산을 중심으로 공업을 일으키고 시골에 있던 노동력을 공장으로 끌어내기 위해 저곡가 정책을 펼치던 정책 따위는 도저히 알 수 없는 나이였다.

큰아들 장가를 들인 아버지는 큰 결단을 하셨다. 고향을 떠나 큰아들이 있는 광명으로 가서 살림을 합치기로. 어쨌든 나는 농촌 마을에서 도회지로 이사 가게 되었고 중2 때 잠시 꾸었던 도회지에 사는 아이가 되었다.

광명시에 살면서 이제는 고향만 가면 되는데 고향 갈 기회는 좀처럼 오지 않았다. 그리고 길이 너무 멀었다. 길이 먼 만큼 찻삯도 비쌌다. 우리 살림에 아버지께서 쾌히 내 줄 정도를 넘어섰다. 그렇다고 경제적 보탬이 되는 생산적인 일도 아닌 여행이라는 소비적인 일에 돈을 쓰다니 아버지의 경제적 관념에 어림없는 일이었다. 그리고 생각만큼 내 얼굴은 '허여멀건' 해지지 않았다. 중학교 졸업 후로 줄곧 도시에서 살았지만 내 얼굴은 거무튀튀한 '건강한' 얼굴 그대로였다.

눈썹

　　　　　　　　　　어린 시절 신앙도 갖지 않은 놈이 늘 일기장에서 절대자를 찾았다. 초등학교 5학년 때부터 키가 자라지 않는 것이었다. "키 좀 크게 해주세요" 빌고 또 빌었지만, 절대자는 계속 나를 외면했다. 필요할 때만 찾고 평소에는 생각지도 않으니 당연한 결과일 테지만 야속했다.

　덩치가 작으니, 덩치가 쑥쑥 커지는 동무들이 얕잡아보기 시작했다. 초등학교 고학년으로 갈수록 도전이 많아졌다. 나의 키는 나의 소원과는 반대로 별로 자라지 않더니 중학교 때는 정지된 듯 마디게 자랐다.

중학교까지의 싸움은 주로 봄에 일어났는데 동물들처럼 서열 정리의 의미가 포함되어 있었다. 나는 싸우다가 맞는 것을 두려워하지 않았다. 덩치가 커지지 않으나 도전해 오는 싸움을 피하지 않았다. 그건 나의 자존심이었다. 아무튼 중학교 1, 2학년 때는 학교 다니기 싫을 정도로 싸움이 잦았고 그런 나는 교내 방송에서 자주 호명 당했다. 호명 당해 교무실 가기가 죽기보다 싫었는데 하루는 잔뜩 주눅이 들어 교무실에 불려 간 나에게 옆 반 담임 선생님께서는 자세한 내막을 알아보시지도 않고 "저놈은 커서 틀림없이 깡패가 될 놈이니 망치로 손을 부셔놔야 한다"는 말씀을 하셔서 지금까지도 상처로 남아 있다.

키뿐만 아니라 얼굴도 늘 불만이었다. 거울에 비치는 내 얼굴이 내 마음에 들지 않았다. 얼굴 중에서도 흐린 눈썹이 제일 마음에 들지 않았다. 가족들 얼굴로 보아 내가 나이 든다고 눈썹이 진해질 것 같진 않았다.

한번은 거울을 보다가 흐린 눈썹으로 눈을 돌리게 되었다. 아니 자동으로 눈이 눈썹으로 갔다. 거울 볼 때마다 아쉬웠는데 그날도 내 얼굴에 실망하여 어머니의 눈썹 그리는 연필로 그려 보았다. 생각보다 근사하였다. 왜 이 정도의 눈썹을 못 가졌을까? 눈썹 흐린 부모님이 원망스러웠다. 어쩌면 부모님들도 나와 같은 고민을 내 나이 시기에 했을지도 모른다. 앞으로 과학이 발달하면 털이 나는 약이 나올지도 몰라, 난 그 약을 반드시 사리라 다짐했었다. 아직은 신(神)도 과학도 내 염원을 외면하고 있다.

키가 작고 얼굴이 못생겼다고 생각한 나는 자신감이 없었다. 그러나 매 학기 담임 선생님들께서 계속 반장을 시키셨었고 반장이 되어 남들 앞에 자주 서게 되니 우리 동무들은 내가 열등감에 빠져있었다고 믿는 사람은 드물지도 모르겠다.

차미자는 초등학교 내 동기동창이다. 그녀를 언제 처음 보게 되었는지 기억나지 않는다. 어느 날 미자가 눈에 확 들어오게 되었는데 짙은 눈썹 때문이 아니었을까. 짙은 눈썹이 굵게 그려놓은 듯 아름다웠다. 시원스레 큰 눈에 속눈썹까지 길고 진하여 너무 부러웠다. 저 짙고 풍성한 눈썹을 내게 반만이라도 준다면 난 얼마나 좋을까. 그날 이후로 미자를 일부러 보려고 하지 않아도 그녀는 늘 내 눈 안에 있었다.

그리고 미자는 성격도 굉장히 활달했던 것으로 기억된다. 허리춤에 책 보따리를 매고 망아지처럼 잘도 뛰어다녔다. 그 동무를 보는 것만으로도 보상이 되었고 남동생이 둘에다 오륜동 사는 것까지 정보가 자동으로 입력되기 시작했다.

어떨 때는 가슴이 두근거리기도 했다. 같은 반일 때는 자동으로 보게 되었고 반이 갈라진 뒤로, 보이지 않는 날에는 옆 반으로 슬쩍 가서 확인하기도 하였다. 일부러 눈을 마주치고는 우연히 마주친 것처럼 나름 자연스럽게 행동했지만, 그녀에게는 어떻게 비쳤는지 모르겠으나 내 알 바 아니었다.

도산면에는 4개의 초등학교에서 하나의 중학교로 진학하게 학구 조정이 되어 있었다. 그중에서 교육열과 경제적 형편이 되는 집에서는 충무 시내나 고성읍으로 중학교 진학을 시키는 경우가 있었지만 드물었고 도산중학교로 진학하거나 아니면 진학을 포기하거나 하였다. 중학교 진학률은 시험 성적으로 진학하던 선배들에 비해 많이 높아졌지만 그래도 이러저러한 이유로 동기동창 중 10%가량 진학하지 않았다.

도산중학교는 교무실을 중심으로 동쪽에는 남학생 교실이, 서쪽으로는 여학생 교실이 물리적으로 나뉘어 '남녀칠세부동석'의 유교 진리를 '잘' 실천하고 있었다. 교복 입은 차미자를 한번 보려고 은근히 노력했으나 그녀는 진학한 이후 한 번도 눈에 띄지 않았고 나도 안 보이는 차미자를 찾아 굳이 여학생 교실 쪽으로 갈 용기를 내지 않았는데 사실은 그런 물리적 공간보다는 짝사랑의 대상이 이동한 것이 더 큰 이유였다. 우연히 들은 얘기인즉슨 중학교에 진학하지 않았다고도 하고, 자퇴했다는 말도 들은 것 같다.

나이가 들었어도 난 눈썹에 대한 열등감을 가지고 살았다. 지난봄에 마누라 눈썹 문신을 한다길래 '나도 따라가서 하겠다' 하니 마누라 왈 "이 영감탱이가 바람이 났나?" 하길래 '할머니들 좀 꼬셔 보려고 한다'고 눙치고 따라가 문신을 했는데 자연산만 못해도 저으기 만족스럽다.

※ 추신 : 박근혜 씨가 대통령이던 시절에 "간절히 원하면 우주

가 도와준다"는 말을 했다가 웃음거리가 된 적이 있다. 근데 나는 간절히 원한 결과 고등학교 시절 키가 1년에 두 자리 숫자로 자랐고 문신이든 가짜 눈썹이든 어쨌든 눈썹도 진해졌다. 나의 경우로 미루어 볼 때 박근혜 씨 말은 진리가 아닐까?

명절

 추석 전날에는 달큰하고 고소한 기름 냄새가 온 동네를 감쌌다. 집집마다 명절 차례상에 올릴 누렁 호박지짐이며 각종 생선포 전을 부치느라 무쇠솥 뚜껑 뒤집어 놓고 들기름, 콩기름 발라가며 굽던 음식 냄새가 동네 전체를 감쌌다.

 그리고 나는 서울로 돈 벌러 간 두 형님을 기다리느라 신경이 한 길로 다니는 시외버스에 가 있었고 가끔씩 어머니께서 '형님 차에서 내리나 가보라'고 하셔서 여러 차례 집과 동네 앞 정류장을 왔다 갔다를 반복했지만 힘든 줄 몰랐다.

나는 큰형님과 띠동갑이다. 큰형님이 스무 살 때 서울로 돈 벌러 갔고 삼 년 후엔 둘째 형도 돈 벌러 간다고 서울로 갔다. 두 형님이 서울로 돈 벌러 간다고 했을 때 난 조만간 우리 동네에서 가장 부잣집이 될 줄 알았다. 그런데 그 상상이 깨진 때가 명절이었다.

정부의 저곡가 정책으로 어쩔 수 없이 농촌의 노동력은 도시로 나가 임금 노동자가 되었다. 공돌이, 공순이라고 놀림 받던 그들의 임금은 목에 겨우 풀칠할 정도였다.

우리가 시골에서 이사 할 수밖에 없었던 이유도 경기도 서면 소하리 소재 기아 공장에 다니던 형 월급으론 제대로 된 월세방도 얻을 수 없었기 때문이었다. 좀 더 자세히 설명하자면 서울로 돈 벌러 갔다는 이유로 장가는 쉽게 갔는데 돈이 없어 신혼살림을 차릴 방도 구하기 어려워 시골 살림 다 팔아서 그린벨트 지역에 허름한 집 한 채 사서 큰 형네 가족과 부모님 이하 결혼 안 한 누나, 형 그리고 나까지 함께 복작거리며 살게 된 것이다.

설 명절이건, 추석 명절이건 두 형님은 고향을 오는 횟수보다 못 오는 횟수가 더 많았고 못 올 때 어머니께서는 표를 못 구해서 못 온다고 하셨다. 두 형님은 돈을 많이 버는 것으로 알고 있던 나는 차표 살 돈이 없어 고향을 못 온다는 생각을 받아들이기 쉽지 않았다.

이사 가기 전 서울엘 한번 가고 싶었다. 아버지께 서울 가실 때 데려가 달라고 졸랐다. 드뎌 기회가 왔다. 그때는 통영군 도산면에서 서울 한번 가려면 하루 종일 가도 어렵던 시절이었다. 구마(대구-마산) 고속국도가 뚫리기 전에는 경부 고속국도밖에 없어서 도산면에서 마산을 거쳐 부산까지 가는데 새벽밥 먹고 첫차로 출발해도 점심때가 되었다. 터미널에 도착했을 때 다행히 고속버스가 있으면 출발할 수 있지만 고속버스 시간표에 따라 두어 서너 시간 기다렸다. 예매라는 제도가 있었는지 난 모른다.

기다리는 시간 동안 부산 시내 구경이라도 할 수 있으련만 부산 같은 대도시에 처음 가본 촌놈이 그런 여유로운 생각을 못 하는 건 당연했고 혹시 고속버스 놓칠세라 터미널 구석 자리에서 꼼짝도 못 하고 탑승 시간만 기다리느라 터미널 안에 걸려 있던 벽시계를 몇 번이나 올려다봤던지 한번 볼 때마다 조금씩 닳아 없어졌으면 그날 그 벽시계는 흔적도 없이 사라졌을 것이다.

그렇게 오랜 시간 고속버스 터미널에서 진이 다 빠진 상태로 버스에 오르면 서울까지의 길은 지구를 몇 바퀴 도는 것처럼 지루하고 길었다. 내가 처음으로 탔던 고속버스는 그레이하운드라는 버스였는데 미국 제품이라고 했다. 그레이하운드가 고속버스 이름으로만 알고 있었는데 개의 종류라는 것은 나중에 알게 되었다. 그렇게 환장할 정도로 먼 길이 자정이 가까워서야 끝이 났다. 서울에 도착하자마자 곧 통금시간이 가까워 터미널 근처에서 간신히 허기만 달래고 싸구려 여인숙에서 고단하고 불안한 하루를 정리했다. 그렇게 잠을 자고 난 다음날 일찍 낯설고 불안한 맘으로 형님의 자췻집을 찾아갔다. 아버지는 안내양에게 물어가면서 길을 찾아갔는데 궁금한 것이 있어도 나는 경상도 사투리를 쓰는 것이 무슨 죄인인 것처럼 입도 벙긋하지 못했다.

'나 서울 다녀왔다'는 그 사실을 위해서 그 고통을 감내했는데 아마 최초로 세계 일주한 마젤란의 기분이 이러했으리라. 참, 마젤란은 세계 일주도 못 하고 중도에 필리핀의 막탄섬에서 죽었다고 했으니 마젤란 일행이라 해야겠다.

길이 이처럼 먼 관계로 동네에서 서울 다녀왔다는 사람도 정말 귀했다. 서울은 이처럼 우리 동네 사람들에게는 외국의 어느 도시이거나 사람이 크게 되려면 반드시 가봐야 할 메카 같은 성지였다.

그런 곳으로 우리 가족 전체가 이사했다. 기제사든 명절 차례든 다 소하리에서 지내는 것이다. 아는 사람이라곤 가족밖에 없는 낯선 땅, 명절 분위기가 안 나는 것은 당연하였다. 명절과 고향은 같이 있어야 하는데 나에게는 명절과 고향이 분리되어 버린 것이다.

으레 명절이 되면 일백수십 원의 용돈을 타서 동네 조무래기들은 충무시나 고성읍으로 극장엘 갔다. 평소 지나다닐 때 우리에게 흙먼지나 마시게 하던 그 버스를 타고 가면 얼마나 재미있었던지 종일 타고 다녀도 질리지 않을 것 같았고 충무나 고성이 걸어갈 땐 징그럽게도 멀었는데 버스만 타면 거리가 오그라드는 것이었다.

우리 조무래기들이 좋아했던 영화는 칼싸움하는 무협영화가 최고였다. 주인공이 어렸을 때 이유 같지 않은 이유로 악당들에게 부모를 잃고 부모님의 원수를 갚기 위해 산에 있는 도사를 찾아가 모진 고생 다 겪으며 검술을 익힌 다음 마지막으로 스승과 겨뤄 스승을 이기고 스승의 하산하라는 허락과 함께 속세로 나와 악당들을 찾아다닌다.

그러다 우연히 악당 짓을 하는 악당들을 만나게 되고 그들이 곧 부모님을 죽인 원수임을 알게 된다. 주인공은 이미 아무도 대적할 수 없는 내공을 쌓았기 때문에 초반에 싸움이 불리하게 전개된다 해도 크게 걱정을 안 해도 되었다. 영화가 거의 끝나갈 무렵 주인공은 뛰어난 검술로 악당을 죽일 때 우리의 카타르시스는 극에 달했다.

그리고 극장에서 나와 근처 중국집에서 먹었던 짜장면이나 우동, 짬뽕 맛은 우리의 멋진 명절을 더욱 풍성하게 하였다.

그러나 고향을 떠난 후로 나에게 명절이 즐거웠던 적은 단 한 번도 없었다. 평소보다 오히려 향수를 더 자극하여 날 외롭게 했다. 이번에도 서울 큰댁으로 차례를 지내러 갔지만 부모님은 물론 큰형, 셋째 형까지 제사의 대상이 되어 둘째 형과 둘만이 옛 고향을 그렸다.

무관심

월요일 공주여고 교무회의 시간이었다. 김 선생은 자리에서 벌떡 일어났다. 이미 '벌떡 교사'로 알려진 터라 그렇게 망설이지 않았다. 목소리를 가다듬고 말을 시작하려 하였다. 그때 교장선생님의 얼굴은 일그러졌으나 제지하지는 않았다. "불완전하지만 해방이 된 지 59년이 지났습니다. 그럼에도 불구하고 우리 사회에는 일제 잔재가 널려 있습니다. 오늘 아침에 저는 우리 학교의 일제 잔재를 고발하고자 합니다." 교무실 전체가 웅성거리며 김 선생의 입을 바라보았다. 무슨 말이 나올 것인가 모두 주시하고 있었다. "이 학교 부임한 이후 학교 여러 곳을 둘러보게 되었습니다. 유구한 학교 역사를 자랑하듯 오래된 벚나무, 은행나무가 나이를 자랑하고 있었습니다. 그러나 유구한 역사 중에 눈살을 찌푸릴 수밖에 없는 것이 제 눈에 들어왔습니다. 행정실 복도 앞에 역대 교장선생님들의 사진이 자랑스레 걸려 있습니다. 그런데 1~3대까지는 일본인입니다." 이 말을 하자마자 '나는 못 보았는데'라는 반응과 '그게 어때서'라는 반응이 섞여 잠시 소란스러웠다. 김 선생은 잠시 말을 멈추고 반응을 살피며 말을 계속 이어 나갔다. "저에게는 독립투사들의 목소리가 들려옵니다. '네가 그러고도 교사냐!'라는 힐난의 목소리입니다. 그래서 말인데 저는 교육의 현장인 학교에서 일본인 교장 사진을 떼든가 아니면 교장 사진 전체를 철거하길 바랍니다." 그리고 김 선생은 자리에 앉았다.

한중희 교장선생님이 이어 마이크를 잡았다. '킁킁' 헛기침하고 난 뒤 "나는 이 학교에 근무한 지 4년이 넘었는데 물론 그 사진을 보았습니다만 그것이 무엇이 그렇게 문제가 되는지 알지 못하겠습니다. 사실이지 않습니까. 일본인이든 한국인이든 1대부터 3대까지 교장선생님은 사진에 있는 분이 맞습니다. 사실을 지우라는 말입니까. 잘된 역사도 역사지만 잘못된 역사도 역사이므로 문제가 없으며 지나치게 과민 반응을 보이는 것은 교육자다운 품성이 아니라고 생각합니다. 오늘 교무회의는 이것으로 마쳤으면 좋을 듯합니다." 그리고 그냥 넘어가면 문제없는 것을 꼭 지적하여 문제를 만든다고 김 선생에게 자주 말해 왔는데 '큼큼'하면서 헛기침을 뱉는 폼이 또 문제를 일으키느냐 투다. 그리고 '기분 나쁘다'는 표정으로 교장실로 들어가면서 문을 세게 닫고 들어가 버렸다.

김 선생은 교무회의가 끝나자마자 담임 반인 3학년 2반으로 서둘러 들어갔다. 담임 반 아이들에게 다시 한번 이야기를 하였다. 행정실 복도 앞에 교장 선생님들의 사진 중 1대부터 3대까지가 일본인 교장인데 지금 우리가 그 일본인 교장선생님 사진을 걸어 놓고 자랑스럽게 바라보아야 하느냐? 아이들의 반응은 교무실과 사뭇 달랐다. "아니 어떻게 그럴 수가"라는 반응에서 "당장 떼어버립시다."라는 격한 반응까지. 이런 반응으로 인하여 김 선생은 교무실에서 당한 냉한 반응에 상처받은 마음을 위로받고 있었다.

사진이 그대로인 채로 며칠이 지났다. 한번 시작한 것 끝을 보고 싶었다. 그리하여 사진을 떼어내지 못하고 교장 사진의 맨 앞에 A4 용지를 붙였다. 그 속에는 다음과 같은 글귀를 적어 넣었다. "수치스러운 역사도 역사인 것은 사실이지만, 자랑스러워할 일은 아니다. 교사 김도석" 떼어내지 못하도록 이름을 확실히 명시했다. 떼어내기만 해보란 듯이.

그리고 9월에 추영섭 교장이 새로 부임해 왔다. 부임해 오자마자 누군가 얘기했을 것이다. 교감 선생님을 통해 '보기 싫으니, 글을 떼는 것이 어떻겠냐? 그리고 9월 말에 장학 시찰도 있는데' 하며 걱정을 전했다. '그것을 왜 떼려 하느냐, 얼마나 교육적이냐?'며 김 선생은 일언지하 거절했다. 그런 와중에 수업 시간엔 학생들을 상대로 김 선생은 '영웅담'처럼 얘기하며 학생들의 동조를 구했다.

그 후 교장선생님이나 교감 선생님께서는 더 이상 말씀이 없으셨다. 그런 동안에도 김 선생의 여론전은 계속되었다. 여름 방학이 끝나고 개학했을 때 교장 사진 맨 앞에 붙였던 A4 용지가 없어졌다. 우선 행정실장에게 가서 물었다. 모른다고 했다. 그러면서 벽에 페인트칠했는데 그때 없어진 것 같다고 했다. 김 선생은 계획적인 것 같다고 생각하면서 다시 붙일까, 말까를 고민하다 수능 시험 시점이 다가왔고 바쁜 와중에 잠시 잊고 있었다. 그리고 수능도 끝나고 대학 진학 상담으로 바쁜 시기를 보내자 곧 겨울방학에 들어갔다.

다음 해 새 학기가 되었다. 어느 날 교감 선생님이 김 선생을 조용히 불렀다. 그리고는 "액자와 사진 제자리 갖다 놓으세요." 부드럽게 말했다. 교감 선생님은 박영규 교감 선생님으로 인정이 넘치고 조용한 성품이었다. "예?"하고 반문했다. "그냥 조용히 갖다 놓으세요." 또 한 번 부드럽게 말했다. 김 선생은 벌떡 일어나 교무실에서 나와 행정실 복도 앞으로 갔다. 사진이 없었다. 1대부터 3대까지의 일본인 교장 사진이 없었다. 다시 교무실로 돌아와 교감 선생님에게 말했다. "안 믿으시겠지만 제가 없애지 않았는데요." 교감 선생님은 그 말을 믿지 못했지만, 더 이상 추궁을 못 했다.

그런 후 한 달 정도 흘렀을까. 어느 날 행정실 복도를 지나다 보니 일본인 교장 사진이 다시 붙어 있었다. 추영섭 교장선생님이 이진호 선생에게 시켜서 다시 붙이라고 했다는 것이다. '아!

정말 끈질긴 인간들이다.'는 생각이 들었고 교장과 그 교사가 미웠고 동시에 저런 사람들이 교직에 있다는 사실이 서글펐다.

서로의 팽팽한 신경전 속에 3월이 다 가고 4월이 돌아왔다. 주소는 교무실로 한, 편지 한 통을 받았다. 편지가 아주 두툼했다. 김 선생은 편지를 뜯어봤다. 성공회대학으로 진학한 우리 반 이지영이 보낸 편지였다. 편지를 다 읽고 흐뭇했다. 편지의 내용은 졸업식 끝나고 기숙사 짐 싸던 날 일본인 교장 사진을 떼었다는 것이다. 선생님의 말씀을 듣고 몇 번을 시도하려 했으나 학교 기숙사에 있고 대대적인 조사가 벌어지면 그것 때문에 수능시험 준비에 차질이 생길까 미뤘다가 결행했다는 내용이었고 교장선생님 앞으로도 2장의 편지를 써서 보내려다가 못 보내고 담임 선생님에게 동봉하는 것이니 교장선생님께 전달해 달라는 것이었다. 김 선생은 사사건건 교장선생님과 대립하고 심지어 충돌까지 했으니, 편지를 전달하면서 생길 충돌은 피하고 싶어 전달하지 않았다.

다음 해 추영섭 교장선생님은 정년퇴직을 맞이하였다. 신임 교장으로 이덕구 교장선생님이 부임해 오셨다. 들리는 평이 이덕구 교장선생님은 합리적인 분이라고 했다. 3월 교무회의 시간에 김 선생은 다시 이 문제를 거론하였다. 그 자리에서 교장선생님은 "과반의 선생님들이 김 선생님의 의견에 동조한다면 저는 행정실 복도에 걸려 있는 역대 교장선생님들의 사진을 학교 박물관으로 보내겠소."라고 하였다. 김 선생은 '역시 세평을 잘못

들은 것은 아니구나!'라고 생각하며 투표를 거듭었다. 투표 결과 반수를 훌쩍 넘긴 선생님들의 동조로 박물관으로 보낼 수 있었다. 눈물이 날 만큼 동료 교사들이 고마웠다.

어떤 친한 선생님들은 축하한다는 말도 하였고 어떤 선생님은 약간 비꼬는 투로 '내 눈에는 안 보이는데 어째 김 선생님 눈에는 그런 것이 보이나요?'라고도 하였다. 어쨌든 김 선생은 큰 숙제를 하나 끝낸 느낌이었고 이름 없이 만주벌판에서, 백두 밀영에서 아니면 지리산 골짜기에서 죽어간 독립투사들에게 먼지만큼의 부채 의식을 드는 느낌이었다.

밤(栗) 막걸리

공주는 밤이 유명하다. 옛날에는 미나리꽝에서 생산되던 미나리가 임금님의 수라상에 올랐다고 했고 강물이 오염되기 전 금강 참게와 재첩이 유명해서 임금님께 진상되었다고 했는데 지금은 밤이 공주를 대표하는 특산물이 되었다. 물론 진상품은 백성들이 임금님을 위해서 자발적으로 바쳤다기보다는 강제로 할당되었을 가능성이 크다. 여기서는 그만큼 '소문이 자자했다.' 정도만으로 넘어가고자 한다. 아닌 게 아니라 1980년대 초까지만 해도 공산성과 제민천 사이에 있었던 미나리꽝에는 미나리가 재배되고 있었다.

미나리꽝은 제민천에서 흘러 내려오던 토사와 본류에서 공급

되는 토사가 제민천이 금강 본류와 만나면서 흐름이 느려져 퇴적작용이 강하게 되고 또 금강은 감조하천으로 밀물 때가 되면 강물이 바다로 흘러가지 못하고 바닷물이 오히려 강으로 밀고 올라와 강의 수위는 높아지게 되며 이곳은 늘 늪지 상태로 된다. 바닷물이 공주까지 온 것은 아니나 바닷물이 강의 하구에서 밀고 올라오니 강물은 계속 불어나게 되고 바닥이 낮은 미나리꽝은 적어도 하루에 두 번 정도는 물에 잠기게 되는 것이다. 이와 같은 늪지는 상류로부터 흘러온 유, 무기질 성분이 쌓여 비옥하기가 이루 말할 수 없다.

비옥한 토질에 항상 물에 잠기는 늪지는 미나리와 같은 수생 식물이 자라기 좋은 환경이 되었다. 그러나 이 미나리꽝도 금강 하류에 하구언(堰)이 건설되고 상류에는 대청댐이 건설되면서 물 조절이 가능해지자 매립되어 상업용지로 활용하게 되면서 사라지게 된다.

그 후로 언제부턴가, 대략 1980년대 후반으로 추정되는데 공주 정안면에서 시작된 밤은 전국적으로 이름을 알리게 되었다. 품종개량에도 힘쓴 결과 옥광이라는 품종을 만들어 내기에 이르렀는데, 대개 개량종 밤은 쥐 밤이라고 불리는 야생 밤에 비해 크기는 큰데 맛이 떨어지는 단점이 있었다. 그런데 이 옥광이라는 품종은 야생 밤과 비슷하거나 아니면 더 달콤하고 고소한 맛에, 크기도 야생 밤보다 크다. 그러니 타지에 사는 지인에게 선물하면 보통 고마워하는 것이 아니다.

모든 농산물이 그렇듯 저장성 문제로 공산품에 비해 가격이 낮게 책정되며 그나마 들쑥날쑥하다. 농산물은 시들거나 썩으면 상품으로서 가치를 상실은 물론 애물단지가 된다. 그래서 저온 처리시설도 만들고 아니면 가공하여 공산품으로 변화시켜 부가 가치를 더하기도 한다. 그중 하나가 밤 막걸리다. 밤 막걸리가 다른 지방에도 있는지는 모르겠다.

"하산 주 한잔해야 안 되겠나?" 통영에서 온 산악회 회원이었다. "아! 여부가 있겠능교." 조금 젊은 사람이 맞장구쳤다. 사실 산악회는 술을 많이 한다. 운동도 운동이려니와 힘들게 산을 오르고 안전하게 산에서 내려오고 나면 당연히 술이 당기는 것이다. 물론 산을 오를 때 한잔할 수도 있으나 혹시 모를 사고에 대비하기 위해 산에서는 금주(禁酒)가 이 산악회의 규칙이었다. 이 산악회 이름은 '산사랑'이다. 산악회 회원들은 이번에 계룡산을 목적지로 잡아 동학사에서 출발하여 남매탑, 금잔디 고개를 넘어 갑사로 하산하였다.

"저기 저 식당에 들어가서 한잔해 보입시더." 술을 좋아하는 회원인 김 씨가 옆에 있던 회원에게 제안하였다. "그러지 뭐." 역시 술을 좋아하고 호인의 인간성이 얼굴에 나타나는 이 씨가 맞장구쳤다. 총무인 듯한 사람은 주위에 있는 회원들에게 막걸리 한잔할 사람을 부른다. "오이소, 막걸리 한잔하고 갈 사람 오이소." 산에서 일행보다 먼저 내려온 사람들이 식당 안으로 들어선다.

"어서 오세요." 식당 주인아줌마는 반색하며 인사를 건넨다. "여어, 막걸리 한 잔 줘 보소." 총무는 냉장고 속에 있는 막걸리 병으로 눈길을 보내며 막걸리를 주문한다. "아지매, 저 밤 막걸리 맛이 좋은 교?" 총무는 처음 보는 밤 막걸리를 먹어보고 싶었다. "아이구, 그럼요. 밤 막걸리는 공주 특산품인데 다른 지방에서 오신 분들이 맛을 보고 아주 좋아해요." 주인아주머니는 인상 좋은 얼굴에 걸맞게 상냥한 말투로 권한다. "아, 그래요. 그라모 밤 막걸리로 줘 보이소." 총무는 일행들 앞으로 수저를 놓으면서 말했다.

잠시 후 네댓 명이 앉은 탁자에 밤 막걸리 두 병과 김이 모락모락 피어오르며 고소한 기름 냄새를 풍기는 파전 한 접시가 올라왔다. 막걸리 잔에 주욱 한 잔씩 따르고 건배 소리와 함께 갈증난 목구멍으로 쏟아부었다. 달작지근한 막걸리가 거부감 없이 목젖을 울리며 시원스레 내려갔다. "아이고, 막걸리 맛이 쥑이네에." 김 씨가 주인아줌마의 반응을 기다렸다. "이런 막걸리 맛은 처음이지요?" 약간의 비음이 섞인 음성으로 질문성 대답을 하는데 다들 한마디씩 칭송을 쏟아내었다. 그런데 한 사람만이 "너무 달구마는, 여자들이 좋아하겠네." 한다. 그렇게 말해놓고도 분위기 때문인지 계속 마셔댔다.

"아지매, 막걸리 좀 더 주소." 이번엔 이 씨가 빈 막걸리 병을 머리 위로 돌리며 재촉했다. "아이구, 쪼맨씩 그라지 말고 손에 고마 잽히는 대로 가 오소." 이번에 총무가 통 큰 척하며 한마디 했다. 이 사람 저 사람 막 이야기를 해대는 통에 정신이 없다.

"아, 네 맛있지요?" 식당 주인아주머니는 손님들이 자꾸 주문하니 싱글벙글하며 밤 막걸리 홍보에 열을 올렸다. 한 이십 분 지났을까. 빈 막걸리 병 여러 개가 탁자 밑에서 어지럽게 나뒹굴었다.

"자, 다들 내려온 것 같습니다. 이제 그만 마시고 출발하지예." 차에서 온 다른 산악회원이 이제 차가 출발해야 한다고 알렸다. "아!~ 몇 잔 더 마셔야 하는데~" 하며 아쉬워했지만, 통영까지 가려면 3시간 이상 가야 하므로 밤 막걸리를 뒤로하고 주섬주섬 일어섰다. "다들 탔습니까? 그라모 출발합니데이." 버스 기사가 시동을 거는 사이 "아이고, 막걸리 냄새. 그 버스 지붕 문 좀 여이소." 술을 못 먹은 회원들과 여성회원들은 샘이 나서 불만 겸 심통을 더 부렸다.

왁자지껄, 버스가 출발하고 한 시간 정도 지났을까. "아이고, 기사 양반 차 좀 세워 주이소. 오짐보가 터질라 캅니다." 한 회원이 다급하게 소리쳤다. "내 그랄 줄 알았다. 문디 맛있다고 막 들이킬 때 알아봤제." 옆에서 다른 회원은 놀리듯이 말했다. "쪼깸씩 싸서 말리소." 또 다른 회원이 놀렸다. "여어 고무줄 있는데 줄까요? 창창 짜매모 될 낀데." 여기저기서 누가 말하는지도 모르게 놀려대었다.

"아이고, 나 죽겠네 기사 양반!" 얼굴이 사색이 되어 소리쳤다. "아이고, 우짜지요. 고속도로라 세울 수가 없는데 휴게소까지는

30분 더 가야 하는데~" "아이고, 기사 양반! 내 한 번만 살리 주소. 그라모 내가 기사 양반 종이 되겠소." 이때 버스 기사의 눈에 졸음쉼터가 3km 전방에 있다는 표지판이 보였다. "아제! 약속 꼭 지키는 깁니다." 버스 기사는 다시 한번 다짐을 받았다. "아~ 예 예"

버스 기사는 속도를 줄였다. 차가 정지하기도 전에 이 회원은 거시기를 움켜쥐고 달려 나왔다. 그런데 이제까지 아무 말 없던 회원들도 우르르 달려 나갔다. 모두 소리치며 웃었다.

변화

장면 1 : "빙시이 꼴값하고 있네." 골이 들어가자, 성질이 난 공격수 석연이는 같은 편인 수비수 재민이가 공을 놓쳤다고 소리쳤다. "시발놈아, 그렇타꼬 그리 욕을 하나." 둘은 축구하다 말고 싸움 직전까지 갔으나 완력이 센 석연이에게 늘 당하던 재민이는 꼭 싸울 의도는 아니고 자신이 선천적 소아마비임을 빗대어 원색적으로 욕하는 석연이에게 볼멘소리 하는 것이었다.

석연이는 공부도 잘하고 축구도 잘했다. 그러나 재민이는 석연이보다 공부를 더 잘했으나 선천성 소아마비를 앓은 후유증으로 다리를 절었다. 동네 조무래기들이 한두 살 터울로 20여 명 있었는데 놀이든 운동이든 석연이가 주도하였다. 그런데 석연이는 놀이에서 재민이를 배제하려고 하였다. 재민이가 끼면 재미가 없다는 이유였고 공부로는 재민이를 도저히 따라잡을 수 없어 심술 핀다는 것을 조무래기들 대부분은 알고 있었다.

시험이 끝난 뒤 선생님들께서는 시험 성적으로 1등에서 꼴찌까지 등수를 매겨 교무실 앞 복도에 붙였다. "재민이 저 새끼만 없으면 내가 맨 위에 있을 낀데." 석연이는 아무리 노력해도 재민이 앞에 자신의 이름을 놓을 수 없어 재민이가 없어졌으면 좋겠다는 생각까지 하게 되고 재민이가 얄미워 미칠 지경이었다.

그런 석연이에게 선생님들은 공부를 잘하라는 의미로 "너는 임마, 재민이를 한 번도 못 이기나? 좀 더 열심히 해봐라. 자슥아" 선생님들로부터 격려인 듯 빈정거림인 듯 헛갈리는 얘기를 듣고 나면 석연이는 더욱 재민이가 미워졌다.

장면 2 : 인디언 보호구역에서 있었던 일화라고 했다. 진위 여부는 중요치 않다. 담임 선생님이 백인 선생님이었는데 조회 시간이었다. "여러분, 오늘은 정말 중요한 시험 날이에요. 정신 바짝 차리고 시험에 임하도록 해요." 하고 조회를 끝내고 교무실로 갔다가 시험 시작종이 울려 시험지를 들고 교실로 다시 들어가니 일정 간격으로 시험 대형을 갖추고 있어야 할 아이들이 한데 뭉쳐 있더라는 것이다.

선생님께서는 시험 준비를 하고 있지 않은 아이들에게 약간 언성을 높이며 "말했잖아요, 오늘은 중요한 시험 날이라고. 시험 볼 준비 안 하고 왜 몰려 있지요? 빨리 책상 줄 맞추고 시험 볼 준비하세요." 그러자 아이들은 누가 먼저랄 것도 없이 "선생님께서 중요한 시험 날이라고 하셨잖아요, 그래서 의논해서 문제를 풀려고 모여 있는 거예요." 하고 대답하는 것이었다. "아니야, 시험은 개인의 능력을 보는 거란다." 그러자 아이들은 "우리 동네 어른들이 말씀하시기를 '어렵고 중요한 일일수록 한데 모여서 해결하라.'고 했어요."

이 백인 선생님은 자본주의에서 가장 중요시하는 경쟁을 가르치려는 것이었는데 아이들은 동네에서 사회주의 삶의 방식인 협동을 익히고 협동 정신으로 어려운 문제를 해결하려 하고 있었던 것이었다.

내가 살았던 고향 동네는 꼬불꼬불한 해안선이 내륙으로 깊숙이 들어와서 바다를 호수처럼 보이게 했다. 남해안의 자란만 중에서도 작은 새끼만이다. 바다는 얕고 개펄이 펼쳐져 있었다. 해안선 따라 갯잔디가 잔디밭을 형성하고 갈대와 갯질경이들이 듬성듬성 군락을 이루고 칠면조와 같은 염생 식물들은 계절에 따라 옷을 달리하며 경치의 아름다움을 보탰다. 그리고 파도가 부딪치는 만의 입구 쪽으로는 갯바위가 드러나고 갯바위 뒤쪽으로 노송이 군락 지어 살고 있었는데 옛 선비들이 묵으로 한지에 그려놓은 동양화 같았다. 노송 하나, 하나는 껍질이 거북이 등처럼 생겼는데 갈라져 해가 갈수록 깊이가 더해지고 해풍에 시달려 자란 탓으로 구불거리긴 했으나 육중한 자태는 격렬한 전쟁을 이겨 낸 장수와 같았다. 해가 질 무렵이면 붉은 노을빛이 퐁당 바다로 뛰어 들어와 누런 황금색으로 변하였고 바람이 일면 바다 전체가 황금 물고기가 되고 일렁이는 바닷물은 그 물고기의 비늘이 되었다.

　서해안 개펄과는 달리 모래 성분이 많은 개펄은 각종 바다 생물을 잘 키우고 있었다. 바지락이며 흑합, 개불, 맛조개 등은 밀물 때는 바다, 썰물 때는 육지가 되는 지점에 서식하고 있었고 청각, 모자반, 미역, 피조개, 멍게, 해삼 등은 얕은 바다에 서식하고 있었다.

　바닷물은 연중 수온이 온화하여 각종 물고기가 살고 있었는데, 우럭, 전어, 쥐치, 멸치, 아귀, 감성돔 등 정말 다양한 생선들이 1년 내내, 4개 마을 사람을 먹여 살리고 있었다. 냉장고도 없던 시절이라 사람들은 물고기나 조개를 잡아도 먹을 만큼만 잡았다. 그리고 5일 장날 내다 팔아 공산품을 살 목적으로 조금 넉넉히 잡아 말리기도 했다. 마을 앞의 바다는 언제든지 해산물을 꺼내 먹을 수 있는 냉장고나 다름없었다.

　언제부턴가 동네 젊은이들이 하나, 둘 도회지로 나가기 시작하였다. 살림살이가 조금 넉넉한 집에서는 공부한다고 어린 학생들도 도회지로 나갔다. 그리고 사람들도 바삐 움직이기 시작했다. 동네 앞 바다에서는 큰 배가 등장하고 그물이 등장해서 물고기를 대량으로 잡기 시작했고 굴 양식도, 굴 공장도 대량으로 운영이 되었다. 해안선을 따라 해안 일주 도로가 생겨났으며 경치가 좋다는 곳은 어김없이 펜션이나 리조트 같은 휴양시설이 들어섰다. 그러자 서서히 바다에서 역한 냄새가 나기 시작하고 물고기들이 잡히지 않게 되었다.

　쌀이 귀하던 시절, 만의 입구를 막아 넓은 만을 논으로 만들더니 바닷물로 인해 농사를 지을 수 없던 바다 쪽도 옆의 산을 허물어 2차로 둑을 쌓았고 급기야 쓰레기로 매립하여 이제는 공장부지가 되었다. 동네와 바다가 하나로 연결되어 유기적인 관계를 맺고 조상 대대로 살아왔지만, 교통 편리를 이유로 바다와 동네 사이 4차선 도로가 생기고 지형상 이유와 빈번한 교통사고를 막기 위해 고가도로가 놓이면서 동네는 바다와 분절되고 원래 있던 뒷산과 도로에 갇혀 답답한 동네가 되었다.

　마을의 모습이 변해가니 그 안에 살고 있던 사람들도 변해갔다. 먼저 동네 구성원들이 바뀌어 갔다. 거기서 태어나고 함께 자란 사람들이 아니라 다른 지역에서 이주해 들어왔다. 그리고 서로 돕고 나눠 먹던 사람들이 행위를 돈으로 계산하기 시작했다. 품앗이보다는 일당으로 해결하며 더 편리하고 깔끔한 방법이라 했다. 오래전부터 한 집안의 경조사는 큰일이라 하여 동네 전체가 자기 일인 것처럼 몸과 마음을 보탰다. 그러나 그러한 일들도 서서히 개인의 일로 치부되고 마을 사람들의 협조가 없어지기 시작했다.

　지금처럼 건강보험이 없어서 동네 사람들이 아프거나 다쳐도 병원에 갈 수가 없었다. 고작 무슨 병에 걸렸는지도 모른 채 '무슨 증세는 뭐가 좋다더라.' 식의 조상 대대로 전해 내려오는 민간

요법에 의지해 치료하다가 암이나 심혈관계 질환, 당뇨에 걸리면 운명으로 생각했고 죽기만 기다리는 안타까운 시대였다. 그래도 이웃이 있어 내가 죽더라도 남은 가족에 대한 걱정은 지금보다 조금 덜했다.

많은 것들이 흘러가고 지나갔다. 어서 지나가기를 바랐던 것도, 평생 머물기를 원했던 것도 세월과 함께 사라져 갔다.

빨갱이

대한민국은 민주공화국이다. 민주라는 단어 속에는 자유와 평등이라는 거대 기둥이 버티고 서 있다. 그런데 굳이 '자유민주주의'라고 자유를 강조하는 이유는 무엇일까. 그것은 자본주의라는 경제적 바탕 위에 반공이라는 이념적 뼈대를 넣어 얼버무린 박정희 정권 이래로 강조하던 한국적 민주주의의 다른 이름이라고 정의하면 틀림이 없다.

대한민국은 같은 민족이면서도 조선민주주의인민공화국이라는 국가와 대치 상황에 있다. 여기서 분단의 이유와 외세의 작용에 대한 지적을 하자는 것은 아니니 논외로 하고 분단 상황에서

민주주의가 위협을 받을 수 있다는 주장을 펼쳐보고자 한다.

생명체는 극한적 공포에 직면하면 본능적 회피 목적으로 그 생명체가 할 수 있는 일은 다 한다. 해방공간과 한국전쟁 이후 지금까지 대한민국에서 가장 두려웠던 것은 빨갱이로 낙인찍히는 것이었다. 일단 찍히면 본인은 물론 가족, 친지, 이웃, 지인까지 목숨은 물론 살아가는 일이 걱정된다. 그래서 낙인찍힌 사람의 억울함이나 낙인찍는 과정에서 발생한 모순에 대해 힘을 합쳐 밝히려고 노력하는 것이 아니라 그동안의 친분 관계에도 불구하고 낙인찍힌 사람과 내가 친하지 않다는 것을 증명하느라 오히려 위해를 가하는 인간성의 바닥을 드러낸다. 내가 먼저 살아야 하니까.

자기주장을 강하게 한다는 사람도 대한민국의 집권 세력을 비판할 때는 자기 논지와 상관없이 북한 정권도 싸잡아 비판한다. 양비론으로 흘러야 중립적으로 비추어지고 적어도 북한 동조 세력이 아니라는 자기 증명이 되니까. 국가보안법은 대한민국에서 헌법 위에 존재한다. 헌법에서 아무리 언론, 자유, 출판 등의 자유가 보장된다 해도 국가보안법에 저촉된다고 자기검열이 되는 순간 헌법적 권리를 스스로 내려놓는다.

나의 유년 시절 시골 동네에서는 가을 추수가 끝나면 할 일이 거의 없었다. 그러면 동네 남정네들은 심심한 나머지 양지바른 집 담벼락에 붙어서 이야기하거나 돈이 있으면 동네 구판장에서

술을 사서 먹었다. 처음에는 혼자 시작했을지라도 삼삼오오 모이면 술값이 커져 어쩔 수 없이 술값 내기 윷놀이를 하거나 화투로 그 술값을 충당하였다.

처음에는 술값 내기 정도의 노름이었다가 오기로 판이 커지면 밤에 모여 아지트로 정해진 집에서 노름하였다. 밤새워 노름하면 그 집 주인은 잔심부름하거나 돈을 꿔 주기도 하며 소위 '고리'를 보았다. 어떤 때는 몇 날 며칠로 노름이 이어졌고 어느 집은 '논문서를 날렸네, 밭문서를 날렸네.' 하고 소문이 돌기도 하고 그 노름판에서 돈을 잃은 사람은 집으로 돌아와 자기 안사람에게 분풀이하였다는 소문이 같이 돌기도 하였다.

당시는 여성들의 권위가 낮아 남편들이 아낙들을 때리는 행위는 자주 목격되는 일이었고 큰 수치로 생각하지 않았다. 그때 유행하던 말로 "마누라와 북어는 사흘마다 한 번씩 패야 부드러워진다."는 말도 있었고 수틀리면 밥상 뒤엎어 버리는 행위는 차라리 애교스러운 행동이었다.

사람들 사이에서 싸움도 잦았지만, 말들도 거칠었다. 격음화된 말들이 많았고 공갈치는 말들도 많았다. 자장면보다는 격음화된 짜장면이, 홀작홀작보다는 홀짝홀짝이 더 정서에 맞았고 '죽고 싶어, 죽을래, 죽일 거다.' 등의 말들은 그때는 물론 아직도 생명력을 가지고 있다.

일전에 국민운동 차원으로 국립국어원에서 짜장면을 자장면으로 순화시켜 발음하려 시도했고 뉴스 시간에 아나운서들이 바꿔서 발음하곤 했지만, 사람들의 정서상 맞지 않아 포기한 적도 있다. 그래도 지금은 그때보다 말들이 많이 순화되었다. 그때 말들이 거칠었던 이유는 아마도 전쟁의 영향이리라 짐작된다.

말이 나왔으니 말인데 초등학교 시절 내가 아는 말 중에서 가장 무서운 단어가 빨갱이였다. 그렇지만 아무도 그 뜻을 자세히 가르쳐 주지 않았다. 그래도 어린 우리들은 알고 있었다. 살인자보다, 강도보다 더 나쁜 사람을 빨갱이라 한다는 것을.

조금 나이가 들어 빨갱이란 말에 대해서 찾아보았다. 파르티잔(partisan)이란 프랑스 말이 어원이었다. 그 말이 러시아어로 "빠르치잔스까야(Партизан)"인데 일본으로 가면서 빠루치산으로 우리나라에서는 빨치산으로 발음되었다는 것이 정설에 가깝다.

그러면 어떤 의미를 가졌을까. 그 말의 의미를 살펴보면 대략 다음과 같았다. 정식 군인이 아니면서 조국이나 자신의 신념을 위해 전쟁에 뛰어든 게릴라(guerrilla)들을 뜻하는 말이다. 즉 의병이나 독립투사를 일컫는 말이다.

빨갱이란 말은 빨치산이라는 말과 사회주의 계열 사람들이 자신들의 뜻을 나타내는 구호를 적은 현수막이나 띠를 사람들의 눈에 잘 띄는 색인 붉은색을 자주 사용한다 하여 [빨갛다+ 접미사 'ㅇ이']를 붙여 빨갱이라고 불렀다.

　빨갱이란 말을 우리에게 처음 시작한 사람들은 일본인들이었다. 일본인이라고 해서 모두 조선 침략에 대해 찬동하는 것은 아니었다. 일본인 중에서도 사회주의 계열 사람들은 조선 침략 행위를 제국주의 침략 전쟁으로 보고 반대 투쟁을 하다 옥고를 치른 사람들이 많았고 조선 사람들도 사회주의 계열 사람들이 독립투쟁에 대거 참여하였으며 자신의 목숨을 걸고 처절하게 싸웠다.

　이들이 검거되면 일본 경찰의 범죄인 명부에 붉은(아까=アカ)색 점을 찍어두고 분류하고 관리하였다고 했다. 일본말 중 붉다는 말로 상처가 났을 때 바르던 붉은 약을 '아까징끼'라고 했고 화투 칠 때 초단을 '아까단'이라고 했으니 우리 세대들에게 그다지 생소한 일본말은 아닐 것이다.

　빨갱이란 말을 우리나라에서 정치적으로 처음 사용한 사람은 이승만이었는데 1947년 4월 27일 이승만의 환영 군중집회에 등장한 현수막에 "빨갱이에게 죽음을"이라는 문구가 그것이었다. 그 후로 이승만 정권의 반대자에겐 모조리 빨갱이란 딱지가 붙게 되었다. 그래서 김일성은 물론 여운형도 김구도 다 빨갱이가 되었고 여운형(1947년)과 김구(1949년)는 빨갱이 사냥으로 암살·제거된다. 즉 빨갱이=죽일 놈이라고 언어 의미 확정 상태에서 '너는 빨갱이야.'는 곧 '너를 죽여도 된다.'로 귀결되는 것이다.

그러면 우리 국민에게는 빨갱이가 왜 살인자, 강도보다 더 나쁜 놈으로 인식되게 되었을까. 그 연원을 밝히기 위해서는 역사적으로 '모스크바 3상회의'까지 거슬러 올라가야 한다.

1945년 12월 27일 동아일보는 엄청난 오보를 낸다. 바로 조선 신탁 통치안인데 미국의 주장은 신탁 통치안으로 조선 정부가 제대로 굴러갈 때까지 후견인제도로써 조선을 신탁 통치해야 한다는 주장이었고 소련은 계급 혁명이 자연스레 발생해 조선 민중의 뜻으로 정부가 꾸려질 것이므로 신탁 통치안이 필요 없다는 입장이었는데 동아일보가 의도적인지 아니면 실수인지 거꾸로 전달해 버린 것이다. 소련이 신탁 통치안을 주장한다고.

'해방된 지 몇 달이나 되었다고 또 신탁 통치를 한다는 말이냐?'가 좌우 세력은 물론 조선 사람들 대부분의 공통적인 생각이었는데 처음에는 좌우 세력 공히 반탁운동을 하다가 좌익 세력은 서서히 찬탁으로 운동 방향을 돌렸다. 그대로 두면 남북분단이 불을 보듯 뻔하여 미국과 소련 같은 강대국이 후견인으로 있어야 극으로 치닫는 상황을 조정하여 분단을 막을 수 있다 해서 그랬다고는 하나, 우익은 그러한 행동 변화는 어디까지나 좌익의 변명일 뿐 실제로는 소련의 지령에 따른 행동 변화라고 일축했다.

그런데 참 이상한 일은 좌익 세력은 소련의 지령을 받고 우익 세력은 미국의 지령을 받는다고 했는데, 왜 좌익이 미국의 신탁 통치안을 지지하고 우익이 반탁운동을 했을까. 그건 아마도 동아일보가 낸 오보만 믿고 지나치게 행동한 결과, 되돌릴 수 있는 기회와 명분을 잃어버린 게 아닌가 짐작해 본다.

당시 사회 상황으로 볼 때 좌우가 한 치의 양보도 없이 충돌하고 있어 분단은 예상되었다고 보는 것이 타당하고 또 김구, 김규식, 김일성, 김두봉 등의 노력에도 불구하고 현재 그렇게 예상처럼 되어 버렸다. 이로써 좌익 세력은 민족의 염원을 배반하고 찬탁 운동을 하였다고 우익 세력에게 하루아침에 민족 반역 세력으로 매도당하게 된다.

사회주의 계열 사람들은 친일파와 같이 정부를 꾸린다는 것은 꿈도 꾸어서는 안 된다고 생각했으나, 친일·친미 세력들은 신탁 통치를 인정하는 빨갱이들과는 숨도 같이 쉴 수 없다고 맹비난하였다. 그러면서 북으로는 독립운동을 했던 빨갱이들이 소련의 지원을 받으며 뭉치기 시작했고, 38선 남쪽으로는 미국의 도움을 받는 이승만과 친일·친미파들이 강하게 응집하게 되었다. 이는 한판의 피비린내 진동하는 일전을 예고하고 있었고 내가 죽이지 않으면 내가 죽는다는 일촉즉발의 상황으로 치닫고 있었다. 미국과 소련의 큰 그림 속에서.

우리는 6·25전쟁이 만고역적 김일성의 적화 야욕으로 발생한 동족상잔이라고만 배웠다. 그리고 반공을 숭상하고 국시로 내건 이승만, 박정희 정권 아래서 태어나고 고등학교까지 다녔다. 학교 다니는 동안 공산주의가 뭔지, 소수가 잘사는 나라보다 대다수가 고루 잘사는 나라가 왜 불가능한지, 왜 못 배운 사람들은 못 살아야 하는지 등에 의문을 품으면 빨갱이로 찍혔다. 어린 우리에게도 정말 두려운 일이어서 본능적으로 피해졌다.

대한민국에서 빨갱이로 찍히면 어떻게 되는지 우리는 몸소 겪어보진 않았어도 전해 들어 잘 알고 있었다. 그래서 빨갱이로 찍힐까 봐 극도로 몸을 사렸다. 전쟁 와중에는 빨갱이로 찍히면 바로 "골로 갔다." 골로 갔다는 말은 골짜기로 끌려갔다는 말인데 바로 학살당한다는 의미이다.

대한민국에서는 아직도 헌법 위에 국가보안법이 존재하고 있으며 군사력 6위의 대국인 우리나라 군대 지휘권이 미군 사령관의 수중에 있다. 어떻게 해석해야 할까.

서열 다툼

학교 뒤편 후미진 곳에 아이들이 웅성웅성 모여 있다. 모여 있는 아이들 가운데 두 놈이 치고받고 싸우는 중이다. 그런데 이상하다. 아무도 말리지 않고 구경만 하고 있다. 한 놈은 제법 발차기와 주먹질이 세련되어 있고 그보다 약간 덩치가 큰 놈은 힘으로 제압하려고 용쓰는 중이다. 김 선생은 교사(校舍) 옥상에서 담배 한 대를 꺼내 불을 붙이고 눈을 가느다랗게 뜨고 내려다보다가 "저 자식들 또 수컷 흉내 내는구먼." 하고 대수롭지 않다는 듯 담배에 불을 붙이고 연기를 폐 속 깊이 빨아들였다. 담배 한 개피를 거의 다 피고 느릿느릿 싸움 현장으로 걸어간다. 혹시나 많이 다치면 학부모들의 민원 제기가 골치 아프기 때문이다. 새 학기가 되면 흔히 있는 일인데~. 그냥 서열 다툼일 뿐이지만 그렇게 되기 전에 말릴 참이었다.

걸어가면서 김 선생은 생각한다. 학교도 학부모도 많이 바뀌었다. 예전 같으면 학생끼리 싸우는 일은 양부모 만나게 하여 피해 학생 학부모에게 가해 학생 학부모가 사과하고 치료비 정도 보상으로 끝냈는데, 요즈음 학부모들은 학교와 담임선생에게 책임을 물어 지나친 배상비를 요구하는가 하면 경찰서에 고소하여 재판받게 하는 등 학교에 대한 불만 표출이 이만저만이 아니다.

"뭐 하는 짓들이야!" 알면서도 고함을 빽 질렀다. 싸움 당사자는 물론 구경만 하고 있던 학생들에게도 하는 꾸지람이었다. 둘이 붙들고 씩씩대다가 선생님의 고함소리에 어정쩡 멈추어 섰다. "교무실로 따라 왓! 그리고 나머지 놈들은 빨리 교실로 튀엇!" 고함소리에도 애들은 별거 아니라는 듯 한 오라기의 긴장된 빛도 없이 실실 웃으면서 각자 교실로 돌아갔다. 이것도 예전에는 말리지 않고 구경만 했다고 선생님에게 벌 받을까 봐 두려워 잽싸게 사라졌는데 뭘 그렇게 고함질러 쌌느냐는 듯 여유를 부린다. 학교 풍경이 많이도 바뀌고 있는 중이다.

사람도 동물의 부류인지라 본능적으로 서열 다툼을 한다. 특히 중학교에서는 새 학기가 되면 여러 초등학교에서 진학한 아이들 사이에 서열이 정해지지 않았기 때문에 많이 싸운다. 예전에는 학생이 다친다 해도 피해 학부모들은 대수롭지 않게 "아이들이 크면서 싸우는 게 당연하죠. 뭐 걱정하지 마세요." 하고 오히려 선생님을 안심시켰었다.

동물 왕국 같은 프로그램을 보면 짝짓기 계절에는 수컷들의 목숨 건 서열 다툼이 있다. 승자와 패자가 누리는 차이가 너무 크다. 승자는 무리를 지배하고 암컷도 전부 차지하는 '영광'을 누리지만 패자는 무리에서 쫓겨난다. 무리에서 쫓겨나는 것은 앞으로 삶의 전망이 어둡다는 의미이다.

사람도 서열 다툼을 피할 수 없는데 동물만큼 정도는 심하지 않다. 가식을 모르는 어릴 때일수록 본능을 자제하기 어렵다. 그래서 자주 다툰다. 내가 클 때는 싸움도 정정당당히 해야 그 서열을 인정받을 수 있었다. 그래서 싸우기 전에 상대에게 "됐나?" 하고 물으면 "됐다!" 하고 대답을 들은 뒤에 싸움이 시작되었다. 링에서 공이 울리기 전에 상대방 몰래 소위 '선방'을 날리거나, 싸움 도중 돌을 비롯한 무기를 쥔다면 그것은 이긴다 해도 비겁한 놈으로 찍혔다. 비겁한 놈으로 찍히면 친구들 사이에서 인정받지 못하고 오히려 따돌림을 당했다. 죽은 상열이는 싸울 때마다 돌을 들었기 때문에 이미 친구들 사이에서 찍혀 있었다. 그래서 개가 한판 붙자고 했을 때 도전을 피해도 비겁자가 될 거라는 염려는 없었다.

10살에 입학한 임윤채를 제외하면 내가 소위 말하는 '전교 짱'이었고 공부로 인하여 선생님들의 전폭적인 지지 아래 반장을 겸하고 있었기 때문에 나름 후광도 단단했었다. 임윤채를 제외한 이유는 10살에 입학했을 뿐 아니라 우리 키보다 머리 하나는 더 있었다. 그래서 일부러 제외한 것은 아니지만 다른 리그에서 노는 선수, 우리와 같은 체급의 선수가 아니라고 암묵적으로 인정되어졌다.

 4학년 때쯤이다. 이종성이라는 친구가 어디서 왔는지는 모르지만 도산국민학교로 전학 왔다. '한티' 고개의 펑퍼짐한 날맹이에 허름한 오두막에 산다고 했다. 하루는 종성이가 나에게 하태환이가 괴롭힌다고 혼내 달라고 했다. 그런데 속으로 걱정이 되었다. 그때 태환이는 나보다 몸집이 커지기 시작했고 매일 닭장에서 달걀 하나씩을 먹는다고 나에게 자랑했으며 집에서 아령으로 운동한다고 알통을 자랑했다. 내가 "종성이 괴롭히지 마라." 하고 주의 줄 때 아무 소리 않고 수긍하면 다행인데 저 자식이 수가 틀리면 나보고 한판 붙자고 할까 봐 노심초사하고 있는데 그런 부탁을 받았으니 여간 고민스러운 게 아니었다. 그래서 '알았다.' 하고 그냥 뭉갰다.

 죽은 임윤채 뒤를 이어 내가 9살에 입학하여 그럭저럭 서열 다툼 전교 2위 자리를 유지하고 있었는데 고학년이 되니 덩치가 나보다 커지는 동무들이 나타났고 슬슬 도전이 들어왔다. 가장 심하게 도전해 온 친구가 위뜸에 사는 김상개였고 그다음은 덕치에 사는 제해경이었으며 범골에 사는 김상삼이도 가끔 내가 말할 때 눈을 희번덕거리곤 했었다. 속으로 두려웠지만 내색하지 않았다.

 다행하게도 태환이 하고는 한 번도 싸우지 않았다. 만약 싸웠더라면 서열이 바뀌었을지도 몰랐다. 대신 김상개와는 3학년 때 싸워 항복을 받아냈고 6학년 때 제해경이랑 싸워 판정이었는데 양심껏 얘기하자면 내가 조금 밀리지 않았나 싶다. 그러나 고맙게도 해경이는 자기가 이겼다고 고집하지 않아 서열에서 밀려나는 일은 없었고 친구들도 그걸 그냥 인정했다. 그 후로 해경이는 중학교 진학한 이후 덩치가 나와 비교 안 되게 커져 누가 봐도 나는 상대가 되지 않았다. 상개도 덩치가 나보다 커지고 모든 운동을 잘해 내가 붙었으면 비참하게 되었을지도 모르나, 나는 그가 내게 도전 투로 툭툭 던지는 말이 굉장히 신경 쓰였지만 슬슬 피했다. 피하긴 했지만, 자존심이 상해 너무 괴로웠다.
 중학 시절 내내 싸움과 공부를 병행하느라 학교 가는 일이 소 도살장 끌려가는 것처럼 죽을 맛이었다.

성(性) 이야기

유교적 잔재가 많이 남아 있던 시기에 자랐다. 유교적 영향이 강했기에, 그리고 어렸기 때문에 유교에 대한 비판적 시각을 갖는다는 것은 어려운 일이었다. 세월이 흘러 지금은 유교(儒敎)적인 사고나 행동이 배척되고 있다. 장점까지도 싸잡아 내버리는 듯하여 안타깝기도 하다. 젊은 사람일수록 유학의 가치를 소홀히 여기거나 부정하는 사람이 많다. 필자는 유학에 대한 조예가 그리 깊진 못하지만, 사람의 행위는 명분이 있어야 한다는 것과 나를 낳아주고 길러주신 부모에 대한 효, 어른에 대한 공경심을 강조하는 유학은 인정되어야 사회가 건강해진다고 믿고 있다. 따라서 유학은 젊은 사람들이 말하는 것처럼, 꼰대들의 생각 즉 '허접한 사상은 아니다.'

라는 것이다.

　난 20대에 인생이 무엇인지 다 안다고 생각했다. 그런데 지금 생각해 보면 20대 때의 그 설익은 생각과 그로 인한 행동에 전신이 오그라드는 경우가 많다.

　유교 사상이 시대를 달리해도 항상 옳다는 주장은 아니다. 유교 사상 중 반드시 배척되어야 할 사상이 있다면 우주 삼라만상에는 층하(層下)가 있고, 따라서 사람 간에도, 남녀 간에도 위, 아래가 존재한다는 사상이다. 특히 남존여비 사상으로 말미암아 성에 대한 왜곡된 관념이 성장하는 나에게 얼마나 영향을 주었는지 잠시 생각에 젖어보고자 한다.

　어린 우리가 가장 수치스럽게 여겼던 말이 '계집애 같다.'라는 말이었다. 그 말이 어느 정도였는가 하면 무슨 승부를 가리는 놀이를 할 때 인정하기 싫으면 '첫판은 계집애 판'이라고 우겨 무산시킬 수 있을 정도였다. 이 말에는 '여자는 아무것도 아니다.'라는 함의가 있다.

　사회생활을 하다 보면 좋은 일도 궂은일도 다 있기 마련이다. 사람 간의 갈등은 필연적인데 화를 낼 수밖에 없는 상황에서는 점잖은 사람일지라도 욕설이 생각나게 마련이다. 이 욕설에도 여자를 비하하는 뜻이 있다. 예를 들자면 함경도 지방에 '종간나 새끼'라는 욕이 있다. 그 욕을 살펴보면 종은 여자 노비를 뜻하고 간나는 다른 지방에서 쓰이는 가시나 즉 계집애와 동의어이다.

그러면 '종간나'는 신분이 낮은 종에다 천대받던 계집의 합성어이니 강조의 의미로 뜻이 중복된 단어라고 보면 될 것 같다.

사회는 여자와 남자가 상호보완적으로 공존해야 한다. 서로의 부족한 부분을 채우며 조화를 이뤄야 한다. 유학의 남존여비 사상은 이 조화로워야 할 사이를 어긋나게 하였다. 입는 옷, 좋아하는 색깔, 놀이와 행동, 말투 등 남자는 남자다워야 하고 여자는 여자다워야 한다고 구별 지었다. 불평등한 관계를 인정하는 의미에서의 분리라고나 할까.

또한 유학은 남녀칠세부동석이니, 부부가 유별하다느니 하면서 남녀 사이를 갈라놓았다. 주로 유학을 생활 철학으로 삶는 양반들이 더 강조한 듯하다. 그러나 양반들의 생활은 여자를 멀리한 것 같지 않다. 겉으로는 사랑채와 안채로 분리해서 살았지만, 양반들은 많은 여자를 거느렸다. 양반은 기본적으로 자기 소유의 여자가 넷이다. 본처와 첩을 둘 수 있었고 돈과 시간이 있으니, 기생과 노는 것이 가능했고 나이 들면 어린 몸종이 있었다. 이에 반해 서민들 대부분은 방 한 칸에 온 식구가 다 살아야 할 정도로 살림이 빈곤했다. 그런 공간에서 남녀칠세부동석이 물리적으로 가능한가. 남녀를 분리해야 한다는 경구들은 '자기 것을 뺏기지 않으려 만든 규범이 아닐까?' 하는 의심을 사기에 부족함이 없다.

비슷한 사례는 공간을 달리하여도 존재한다. 여자를 하대하는 이슬람 문명권에서는 마누라를 4명까지 둘 수 있는 사회이기 때문에 성범죄에 대해 처벌이 엄격하다. 자연 상태로 성비가 100에 가까운데, 많이 가지는 사람이 있으면 못 가지는 사람도 있기 마련, 못 가진 사람은 가져보려 목숨을 걸 테고, 많이 가진 사람은 자기 것을 뺏기지 않으려 안전장치를 마련하는 것은 당연지사, 필요에 의한 안전장치가 바로 법을 비롯한 각종 제도라고 생각된다.

마치 소를 방목하는 사회에서 소도둑놈을 살인범보다 더 중형으로 다스렸던 초기 앵글로-아메리카처럼.

또한 남성 중심의 유교 사상은 성에 대한 이중 잣대와 함께 왜곡된 성 문화를 퍼뜨렸다는 사실이다. 요즈음 유행하는 '내로남불'이 바로 그것이다. 내가 하면 로맨스, 남이 하면 불륜이란 말인데 이 말을 쓸 때마다 문장 구성이 마음에 안 든다. 로맨스(romance)라는 단어를 썼으면 뒤도 스캔들(scandal) 정도로 하면 대구(對句)가 맞을 텐데 영어(英語)와 한어(漢語)의 대비가 어색하다. 어쨌거나.

우리가 어른이나 애나 할 것 없이 욕으로 쓰는 '씨팔'은 따지고 보면 욕이 아니라 욕을 가장한 성적 욕망을 나타낸 것이다. 왜 그럴까. '씨팔'은 성행위를 나타내는 말이다. 공개적으로는 욕처럼 사용하지만, 내면적으론 욕망을 나타내는 중첩적 의미이다.

남자들은 대개 성에 눈을 뜨고 난 뒤에 여자 얘기를 많이 한다.

그리고 자신에게는 과분하고 올라가기 힘든 나무처럼 보이지만 맘에 드는 예쁜 여자가 있으면 관심을 나타낸다. 걸레라는 둥, 누구와 어쨌다는 둥 악담을 퍼뜨린다. 위선에서 출발한 못 먹는 감 찔러나 보자는 심보다.

여자들은 남자들이 성에 대해 얼마나 집착이 심한지 이해 못 할 수도 있다. 남자들은 나중에 땅을 치고 후회할지언정 기회가 생기면 목숨을 걸 정도이다. 사회적 지위가 높을수록 기회가 많을 텐데 추행과 사회적 지위는 맞바꿔야 할 경우가 대부분이다. 여기서도 성에 대한 이중 잣대는 명확해진다. 비난하는 이도 비난 대상이 '부러워서' 더 거센 비난으로.

난 지금도 '빠구리'란 말은 남자끼리의 은어로 점잖지 못하다고 생각되어 사용이 꺼려지는데, 꺼려지는 것도 내가 점잖지 못하게 보일까 봐 그러는 것이지 자체가 싫은 것은 아니다. 그 단어가 지금은 군대를 다녀온 사람들에 의해 다른 지방으로 많이 퍼졌지만 주로 경상도 지방에서만 공공연히 쓰였던 은어이다. 내가 수도권으로 전학 간 고등학교 때만 해도 친구들이 그 은어를 몰랐고 대학 때도 그 말뜻을 아는 사람은 드물었다.

그래서 나이가 좀 든 어느 날 그 말이 도대체 어디서 왔을까. 그리 길지 않은 시간을 투자하여 곰곰이 어원을 생각해 본 적이 있었는데 머리를 스치는 말이 영어의 'fuck you'였다. 그렇게 생각이 든 배경에는 일단 말의 뜻이 비슷하고 발음이 비슷하다. 그리고 왜 경상도 쪽에서 유행했을까. 그것은 한국전쟁 때 낙동강 전선이 구축되고 시간적으로 고착됨에 따라 미군의 대 주민 접촉 기회가 다른 지방보다 많았고, 미군들은 우리나라 사람들만 보면 그 말을 수시로 내뱉었고 그래서 퍼지기 시작했을 것이다.

현직에 있을 때 학생들로부터 성(性)에 대한 질문을 받을 때가 많이 있었다. 지금은 성교육의 방향이 보다 솔직해지고 대담해졌지만, 새천년 초반까지만 해도 금기 쪽으로 무게가 많이 실렸었다. 왜? 왠지 쑥스러워서.

그때도 아이들은 솔직한 얘기를 듣고 싶어 했고 그중에는 자신의 고민이 살짝 들어 있기도 했었다. 나는 할 수 있을 때 많이 하라고 했다. 대신 콘돔 사러 갈 용기가 없는 사람이나 강제로는 안 된다고 했다. 그러면 교실에서 난리가 났고 그런 날은 수업하기가 힘들었다. 왜냐하면 어떤 선생님도 안 된다고만 했지, 할 수 있으면 하라고 한 선생님은 없었기 때문이었다.

그러다 질문이 나를 좁혀온다. 과거형이면 덜 곤란한데 현재형은 당혹스럽다. 즉 '선생님, 요즘도 자위를 하시냐? 딸에게도 할 수 있으면 하라고 말할 수 있냐?' 등. 그럴 때는 '나도 건강한 남자야.'라고 하든가, '딸에게 권장은 못 하지만, 내가 관여할 문제는 아니다.'라고 에둘러 말하곤 했다. 그러면서 선생님이랍시고 꼭 덧붙이는 말이 있었다. "너희 때 섹스는 자극이 너무도 강렬하여 공부를 못 하게 한단다. 그래서 어른들이 아예 막으려 하는 거야." 그렇게 말하면 수긍하는 놈도 있는 것 같았고 다른 장면을 연상하는 놈들도 있는 것 같았다. 이것도 내가 성에 대해서 이중적이라는 증거이다. 어쨌거나 그날 수업하기 싫은 그들의 목적은 달성되었을 것이다.

나는 되바라진 건지 사춘기가 빨리 온 건지 아니면 둘 다인지, 초등학교 1학년 때부터 여학생한테 관심이 많았다. 그런데 여자를 멀리해야 더욱 사내답다는 사회적 통념과 남자 친구보다 여자 친구가 더 좋은 개인적 관념이 끊임없이 충돌하는 것이었다. 그러나 여자 친구는 마음속으로만 가지는 것이지 발설한다는 것은 '주홍 글씨'를 다는 자살 행위였다.

초등학교 1학년 입학 직후 위뜸에 사는 김선자를 보게 되었다. 부잣집 손녀딸이라고 했다. 말 한번 붙여 보고 싶었지만, 그럴만한 용기도 없고 여자를 좋아하는 사람으로 찍힐까 봐 두려워 더더욱 그럴 수 없었다.

그녀의 짙은 눈썹과 시원스레 큰 눈은 한동안 가슴 속에 깊이 각인되어 있었다. 그 후 몇 학년 때인지 알 수 없지만 내 이름표를 보고 "도가 2개네!"라는 장난기 섞인 말만 아직도 뇌리에 남아 있다. 그 말이 그녀가 나에게 나타낸 관심이라고 얼마나 곱씹었던지. 그때 우리 학년의 이름표는 남색이었고 위에는 '도산교', 아래 줄에는 '김도석'이라고 새겨져 있었다. 그렇게 혼자 몸달아 있다가 말 한번 못하고 나에게 전혀 관심이 없다 판단하고 포기하였다.

2학년 때에는 하순두를 좋아했다. 도회지 아이처럼 허여멀쑥하고 귀티 나게 생겼었다. 나는 반장에 그 애는 부반장으로 임명되었는데 담임 선생님이셨던 하재립 선생님께서 좌석 배치를 하실 때 따로 앉게 하여서 애꿎게 짝꿍이 된 김인숙에게 분풀이하곤 했다. 마치 여학생들 자체를 싫어하는 것처럼, 그래서 '나는 사내 중의 사내다.'라고 과시하는 태도로.

그 후로 그 아이는 교사인 아버지 따라 다른 학교로 전학을 가버렸고 내 기억에서 사라졌다. 그러다 6학년 때 다시 전학을 왔고 중학교 때 연애편지를 써서 이종성에게 보냈으나 하태환이 가로채서 전달이 안 되었다는 말을 들었고 소문날까 창피하고 무서워서 태환이에게 따지지도 못했다.

여학생을 좋아하다 포기하기를 여러 차례 반복했지만, 한 번도 입 밖에 내지 못했다. 짝사랑이라 소위 양다리를 걸쳐도 부담이 없고, 죄의식도 없었다. 어린 마음에 실망만 차곡차곡 쌓이고 자신감을 잃어 갈 무렵 또 한 여학생이 내게 들어왔다. 그 조그마한 계집아이만 생각하면 가슴이 아픈 건지, 시린 건지 아무튼 평소의 심장 박동이 아니라 평정심을 잃곤 했다. 그리고 이상하게도 눈물이 자주 났고 우울해졌다. 그러나 그 기분에 젖는 것이 싫지만은 않았다.

당시에는 집집마다 조무래기들이 소를 데리고 풀을 뜯기러 다녔다. 그 방식은 아침에 눈 뜨자마자 소를 쾌방골로 몰고 가서 소뿔에 고삐를 단단히 감아 장막산에 올려놓으면 동네 소들은 장막산 꼭대기의 회치 바위를 지나 위 탄배이에 가 있곤 했다. 점심 먹고 소 찾으러 위 탄배이로 향하면 회치 바위를 거쳐야 했다.

회치 바위에 올라서면 산을 오르느라 흘렸던 땀과 체온을 동래골 골짜기에서 불어 올라오는 바람이 시원스레 식혀 주었다. 나는 그 골짜기 쪽을 바라보며 '지금쯤 저 골짜기 동네 어디쯤 그 아이가 있겠지!' 하고 그 아이를 그려보곤 했었다. 한두 번이 아니고 회치 바위 꼭대기에 설 때마다.

6학년 같은 반이었을 때 백명흠 담임 선생님께서 시험을 보고 난 뒤 분단을 바꿔 채점시키셨다. 우리 분단 시험지는 나의 우측 분단으로 갔고 내 좌측 분단에 있던 그 아이의 답안지가 우리 분단으로 오게 되었는데 나는 재빨리 번호가 36번이었던 그 아이의 답안지를 차지했었다. 그리고 틀린 답을 하나 고쳐서 80점을 만들어줬다.

아이들이 자기 점수를 부르면 담임 선생님께서는 성적일람표에 그 점수를 기입하셨다. 그 아이는 채점된 자기 답안지를 받고서 자기 점수를 부를 때 원래 자기가 맞힌 점수대로 부르는 게 아닌가. 그 아이의 태도는 나를 심하게 부끄럽게 하였고 두고두고 나의 귀감이 되었다.

지금 같은 남녀평등의 분위기, 여자 친구하고 친하게 지내도 놀림 받지 않는 분위기였으면 내 마음을 전해 봤을까. 나는 가끔 그 단발머리 소녀가 떠오르곤 한다.

세상 참!

"아니, 애들 줄 건데 어른이 돼서 그걸 왜 먹어?" 아내가 사 온 포도 한 송이 먼저 먹으려다 무안을 당했다. 서운하기도 하고, 교육적으로도 아이들이 어른 공경심을 함양해야 한다는 당위성으로 한마디 해야 하나 생각했지만 아이들 앞에서 부부싸움이 예견되어 꾹 참았다. 그렇지만 부글거리는 속을 달래기에는 강한 인내심이 필요하였다.

아내는 맛있는 음식을 해도, 좋은 물건을 살 때도 자식이 우선이다. 그래서는 안된다고, 아이들에게 부모 존경심을 가르치기 위해서도 '가장(家長)을 우선시해야 한다.'라는 주장을 하고 싶어도 되돌아오는 말은 '남자가 쪼잔하게~' 일 것이다. 그렇다고 어려서부터 그렇게 배워온 아내를 설득하기란 어렵고 차라리 입을 꾹 닫는 것이 상처를 덜 받을 것 같았다.

최근 들어 가장(家長)으로서의 령(令)이 안 선다는 생각을 많이 한다. 어떤 조직이든 그 조직이 굴러가기 위해서는 각자 맡은 바 책임을 다해야 한다. 나는 우리 가정의 가장(家長)이다. 내가 해야 할 가장 중요한 일은 가족의 '식·의·주'를 어려움 없이 해결하는 것이라고 믿고 있다. 그런 면에서 난 가장으로서 역할을 잘 수행해 왔다고 자부하며 산다. 그래서 난 가족 일에 대해 최종 결정권을 가지고, 가장으로서의 대우를 받아야 한다고 생각한다. 대우라고 해 봤자 가족들에게 존중받는 것이다.

그러나 아내의 생각은 다르다. 가장은 가정의 무한 책임은 지되 대우를 받는 부분에서는 나와 생각이 반대이다. 그래서 아내의 언행을 보면 아이들 앞에서 막 대한다는 느낌이 든다. 어떤 때는 내가 아내에게 머슴으로 인식되어 있는 건 아닐까? 의심하기도 한다.

나는 어려서부터 어머니의 아버지를 대하는 태도를 보며 자랐다. 그것은 곧 가정교육의 하나였다. 당시는 쌀이 곧 화폐이던 시절이라 쌀을 금싸라기처럼 귀하게 여겼다. 우리 형제들은 쌀밥을 쉽게 먹을 수 없었다. 정부에서도 혼식, 분식을 장려하며 쌀의 귀중함을 더 키웠다. 어머니는 가마솥에 밥을 안치실 때 삶아놓은 보리쌀을 깔고 그 위에 한주먹 정도의 쌀을 놓으시고 밥을 하신 후 아버지 밥그릇에 쌀을 중심으로 밥을 푸셨다. 그리고 주변에 남아있던 쌀을 전체 보리쌀에 휘저어 우리들 밥그릇에 푸셨는데 우리 밥그릇에는 쌀알이 한두 톨 정도니 말 그대로 그냥 꽁보리밥이었다. 그때는 응당 그러려니 했지, 왜 아버지 밥은 쌀밥이고 우리들 밥은 꽁보리밥이냐고 볼멘소리 할 생각조차 못했다.

그리고 아버지께서는 집안의 대소사를 책임지시고 우리에게는 당신의 어려운 상황을 절대 발설하지 않으셨다. 우리는 '집안의 어려운 일을 아버지께서 해결하시겠지.' 하고 막연히 생각하였고 깊이 있게 사고할 나이도 아니었다. 아버지께서는 어려운 일을 당해도 우리들 앞에서 어렵다고 토로한 적이 없으시고 힘들 때 힘들다는 말씀 또한 않으셨다. 그래서 아버지는 더욱 어려운 존재로 나에게 각인되었다. 또한 어머니께서 우리에게 주의를 줄 만한 행동 교정이 필요하시면 아버지를 파셨다. 따라서 우리에게 아버지는 거역하기 어려운 존재로 마음속 깊이 심어지게 되었다.

오늘날 시대가 달라져도 많이 달라졌다. 가족들은 과거 권위적인 아버지 상(像)을 부정한다. 그것이 도가 지나쳐 '가장으로서 책임은 있되 권위는 없다.'로 귀결되는 것 같다. 내가 자라면서 보아 온 건 그게 아닌데.

아무리 작은 조직이라도 각자 맡은 역할에 대한 책임과 그에 따른 권위가 주어져야 한다. 그것이 물질적이든 아니면 단순 인정(認定) 정도에 그치든. 그렇지 않으면 누가 힘든 일을 맡으려 하겠는가. 내가 운명적으로 가장이 되었다 해도 마찬가지.

그래서 아내에게 책임을 모두 돌린다. 법률로 정해지지 않은 가족관계에서는 어머니의 역할이 중요하다. 나의 어머니는 늘 아버지를 아이들 앞에서 존중하셨다. 아이들 앞에서 아내가 남편을 무시한다든가 반대로 남편이 아내를 무시하면 자연히 자식들에게 스며든다. 교육학에서는 잠재적 교육과정이라 했던가. 나는 아내에게는 존경받지 못할지라도 아이들의 존경스러운 아버지로 남고 싶다.

왜 나를 존중하지 않느냐고 아내에게 말해 봤자 부부싸움밖에는 다른 길이 없다. 따라서 아내가 존중해 주지 않으면 그만둘 일이지 부부싸움까지 갈 일은 아니다. 어쩔 수 없이 하더라도 아이들이 없는 데에서 해야 하며 만약 싸우다가 아이들에게 들켰다면 즉시 중단해야 한다. 그런데 말처럼 쉽지 않다. 감정이 격해지면 통제가 쉽지 않은 까닭이다. 그래서 자기 수양 과정으로 생각하는 다짐이 필요하다.

사실 현실은 우리의 바람과는 달리 우려스러운 가정이 너무 많다. 이유도 상황도 천차만별이다. 그중 하나를 말씀드린다면 자식을 두고 이혼하는 부부가 많다. 도시에서 살다가 부모가 이혼을 하면 시골 할머니 댁에 맡겨지는 경우가 허다하다. 위기의 가정에서 자란 아이들은 정상적으로 자라기 힘들다. 제대로 된 부모의 사랑이 필요한 아이들이 사랑을 받지 못하고 자란다면 반사회적인 인물로 자라지 않는다 해도 그 아이에게는 그늘이 있을 것이다. 그런 아이들에게 부모의 상(像)이 제대로 설 리 만무하다.

시대에 뒤떨어지게 가부장적인 분위기와 가정에서 가장의 절대적인 권위를 요구하는 것은 아니다. 적어도 아이들 앞에서 존중받고 싶다는 것이다. 인간의 행동이 늘 만족스럽지만은 않다. 알게 모르게 실수도 한다. 그럴지라도 우리는 목표를 향해 나아가고자 노력하는 존재여야 한다. 부부는 서로 존중해야 한다는 목표를 설정해 놓고 늘 후회와 반성이 뒤따른다.

아버지

아버지께서는 '60둥이' 이셨다. 1859년생 할아버지께서 환갑에 낳으신 1919년생이었다. 할아버지는 장가를 네 번 가셨는데 첫째 할머니와의 사이에서 자식 하나를 얻었으나 할머니는 병으로 돌아가시고 어느 정도 성장했을 때 집안 토지 문서가 없어지는 사달이 생겼고 할아버지로부터 의심을 사 할아버지의 명령으로 방에 감금되셨는데 결백을 주장하며 끝까지 단식하다 돌아가셨다고 하였고 두 번째 할머니와의 사이에서는 자식이 없었고 세 번째 할머니는 집안에서 제사를 지내시나 족보에 올라와 있지 않은 것으로 보아 정실은 아니었던 것 같다.

그 후 네 번째 할머니를 맞이하셨는데 공주 광산김씨 가문의 17살짜리 할머니를 57살에 맞이하셨다. 증조부 때 천석꾼 집안의 살림이었지만 애경사 한번 치를 때마다 기둥뿌리 하나씩 빠져나간다는 시절에 장가 네 번을 갔으니 집안 살림이 남아날 리 없었고 조선시대 양반 가문인 광산김씨 집안에서 규수를 데리고 왔다는 것은 아마도 조금 남은 논밭 문서를 거의 다 날렸다는 의미로 짐작하기가 가히 어렵지 않을 것이다.

이런 상황에서 태어나신 아버지는 세상을 알기도 전에 이미 청상과부 홀어머니 밑에서 자라느라 온갖 사회적 멸시를 견뎌야만 했을 테고 집에 양식이 없어 늘 주렸던 배를 채우기 위해 7살 때부터 친척 집 소 담당 머슴으로 고달픈 생활을 했으며 19살에 남들은 끌려갔다던 징용을 '먹을 것은 주겠지!' 하고 자원해서 가셨다고 하였다.

청상과부셨던 할머니는 죽지 못해 살아가야 하는 고단한 삶을 씨만 뿌리고 간 할아버지뻘의 남편에게 원망하는 것은 자연스러운 일일 것이다. 할머니의 할아버지에 대한 원망은 자연스레 아버지 형제에게 교육 되어졌을 것이다. 나는 아버지께서 할아버지를 좋게 말씀하시는 것을 들은 적이 없고 "공부한 놈들은 빌어먹는다."는 말씀을 자주 하셨는데 난 나에게 대학 가지 말라고 하시는 말씀인 줄로만 알았지, 이 말씀이 할아버지에 대한 원망임을 알아차린 것은 아버지께서 돌아가신 이후 정말 나중의 일이었다.

아버지의 경제관념은 많이 버는 것이 중요한 것이 아니고 적게 벌더라도 안 쓰는 것이 중요하다고 생각하시고 그렇게 평생을 사셨다. 우리 형제들은 대부분이 초졸이다. 난 막내로 태어났고 남들 대부분이 고등학교까지 가는 시대라 갔고 대학 진학 문제를 두고는 아버지와 대화가 안 될 정도의 대립을 했으며 고등학교 때는 아버지에게 반항심만 키웠다.

아버지는 나에게 고등학교만 졸업하고 형들처럼 공장에 취직하여 돈을 벌어야 한다는 주장이셨다. 난 대학엘 가고 싶었다. 야간 대학이라도 다니겠다는 각오였다. 아버지는 대학 공부시킬 돈이 어딨냐며 그런 나를 철없다고 못 마땅해하셨고 그렇게 진학 문제로 충돌이 잦았다.

그런데 반전이 일어났다. 내가 공주사범대 합격자 발표를 보러 가는 날 아버지께서 꿈 얘기를 하셨다. 어젯밤 꿈에 내가 나가는 대문 앞에 누렇고 큰 국화 송이가 피었더라는 것이다. 아마도 당시 국립사범대학 등록금이 고등학교 등록금만큼 싸다는 얘기를 경로당에서 들으셨을 거라 예단하며 대꾸도 안 했다. 그리고 강남터미널로 가서 공주행 고속버스에 올랐다.

나의 쌀쌀맞은 행동과는 다르게 합격 소식을 들은 아버지께서는 막걸리 한 말과 수육 안주를 경로당에 냈다고 하셨다. 평생 막걸리 한 사발에 인심 잃던 분이, 고향 사실 때도 좁쌀영감이라고 놀림당하던 그 아버지께서 막걸리 한 말을. 그러나 대학생이 되어도 아버지와 화해를 못 했다. 그만큼 거리감이 컸던 탓이다.

아버지는 일을 많이 하셔서 허리도 꼬부라지고 덩치도 작고 겉치장도 안 하시는 분이라 정말 보잘것없는 촌로이셨다. 그리고 무릎 연골이 닳아 오십 대 때도 멀리 걷질 못하셨다. 징용 다녀오시느라 혼기를 놓쳐 어머니와 10살 차이가 났고 두 분은 세대차로 많이 다투셨다.

그런 아버지께서 3학년 때 공주사대로 나를 찾아오셨다. 난 친구들에게 아버지를 들키는 것이 창피했다. 더군다나 여학생들에겐 더욱 그랬다. 얼른 아버지를 모시고 하숙집으로 가서 저녁밥을 함께 했는데 아버지는 내 방에서 주무시고 가신다고 했다. 아버지와 단둘이 한방에서. 도저히 맘이 허락되지 않아 같이 방 쓰는 친구가 불편해한다고 핑계를 댔다.

그리고 공주 터미널에서 배웅해 드렸다. 당시 65세의 연세로 차를 타고 오시는 것만으로도 피곤하실 텐데, 주무시고 가실 작정을 하신 분을 바로 돌려세워 보냈다는 사실은 두고두고 나를 괴롭혔다. 떠나가는 아버지 실은 버스를 보았다. 가슴이 먹먹해지기 시작했다. 이상한 기분이었다. 아버지 때문에 내가 이런 기분이 들다니. 버스가 내 시야에서 사라지자마자 눈물이 쏟아지기 시작했다. 아버지 때문에 울어보긴 처음이었다. 우는 모습을 누가 볼까 봐, 인적이 드문 금강 변을 걸어 하숙집 근처로 오면서 아무도 없는 금강 둑을 걸으며 소리 내어 울었다. 왜 그렇게 아버지의 뒷모습이 쓸쓸해 보였을까.

그리고 얼마 지나지 않아 아버지가 위독하다는 전보를 받았다. 3일 동안 아무것도 잡숫지 못하고 물로 입술만 축인다고 했다. 형들보고 눈 좀 붙이라고 하고 나 혼자 안방 아버지 곁을 지켰다. 다음 날 새벽 네 시쯤 '훅'하고 마지막 숨을 몰아쉬시더니 영영 아주 먼 길을 떠나셨다. 나 혼자만 마지막 숨을 거두시는 모습을 보았다. 막내를 보고 가시려고 3일을 사력을 다해 버티셨다는 생각이 들었다.

화장장 뒷산으로 아버지의 유골 가루를 들고 올라가서 하늘로 뿌렸다. 혼자 울면서 그 뜨거운 유골 가루를 뿌렸다. 이제 그 고단한 삶을 버리고 자유로워지시라고 울고 또 울며 바람에 태워 보내드렸다.

그리고 유품을 정리하면서 통장을 발견했다. 내 이름으로 된 통장이었다. 농사꾼이셨던 아버지는 서울 옆 안양천변으로 이사 오셔서 안양천 둔치에다 열무며, 호박, 배추, 상추 등을 심어 어깨에 둘러메시고 장조카 동무 삼아 다리 건너 서울 시흥 시장에 팔아 모은 돈이었다.

그 '싸가지' 없는 막내아들 돈 없어 대학 중도 포기할까 봐 준비 다 해놓고 돌아가신 것이다. 막내아들의 버르장머리 없는 언행에 얼마나 당신이 외롭고 안타까우셨을까.

가족 굶기지 않으려 손톱이 다 닳고 손등이 소나무껍질 같았던 내 아버지의 손을 난 한 번도 따뜻하게 잡아 준 적이 없다.

아버지, 제가 아버지 돌아가신 나이가 되어서야 처음으로 드리는 말입니다. "아버지 사랑해요."

외모

　　　　　　　　　　사람은 생김새가 일생을 좌우한다. 사람뿐이랴, 모든 짐승도 다 그렇다. 뱀은 생긴 것 때문에 이유 없이 사람에게 죽임을 당하기도 하고 늘 배척을 당한다. 부모 잘 만나 잘생긴 얼굴을 가지면 자기 능력보다도 훨씬 더 인정받는다. 외모 지상주의가 어떻다고 해도 대부분의 사람은 잘 생긴 외모를 갖고 싶어 한다.

　그러나 생김새도 성격에 따라서 달라진다. 30세 이상의 얼굴은 자신이 만든다는 말도 있지 않은가. 따라서 좀 더 시간을 가지고 사귀다 보면 성격 좋은 사람이 가장 대우받고 성격은 외모를 달라지게 한다.

난 지금까지 살면서 남에게 동정받은 기억은 별로 없다. 교사를 하면서도 병가를 신청해 본 적이 거의 없는데 한번은 감기 몸살로 출근하기 전 전화로 병가를 신청했었다. 그때 교감 선생님께서 공개적으로 교무실에서 말씀하시길 "김 선생이 어제 과음한 것 같다."고 지레짐작으로 말씀하셨다고 했다.

　성인이 되어 술자리에서 처음 보는 사람을 소개받을 때 나는 아무 소리 안 하고 심지어 내가 묻지도 않았는데 소개된 사람은 자신이 얼마나 운동을 잘하는지, 어렸을 때 싸움박질을 많이 했다는 등의 얘기를 하곤 했다. 그런 사람은 한두 사람이 아니고 무려 세 사람도 넘는다.

　그래서 난 '내가 전투적으로 생겨서 남들에게 위압감을 주는구나!' 하고 생각했지만, 반성은 하지 않았다. 그것은 내 잘못이 아니라 조상 탓이기 때문이다.

　그런 반면 희영이는 조상을 잘 만났다. 난 초등학교 시절 희영이가 귀공자 같다고 느꼈다. 짱구 머리도 귀여웠다. 희영이 큰누나가 연자 누나이고 그다음이 태영이 형님이고 세 번째가 영자 누나이고 막내가 희영이로 알고 있는데 이름과 형제자매를 정확히 짚었는지 모르겠다. 어쨌거나 집안 식구들이 다 잘생기고 이쁜 얼굴이었다.

　내가 대학 1학년 여름방학 무렵에 고향을 찾았을 때 연자 누님은 도산면 농협에 근무하셨는데 그때가 서른 가까운 노처녀였다. 막냇동생의 친구라고 살갑게 대해주셔서 아직도 웃는 연자 누님의 얼굴이 뇌리에 사진처럼 남아 있다. 그러나 긴 세월이 흘러 정확히 기억해 내지는 못하겠다. 그 후 신랑감을 고르다 초등학교 동창과 결혼하셨다는 얘길 들었는데 정확하진 않다.

내가 희영이 집안 식구들의 이름까지 아는 건 초등학교 때 희영이와 친했기 때문이다. 물론 나 혼자만의 생각일 수도 있지만.

중학교 때 수학여행을 갔다. 서울과 속리산이 여행경로였다. 법주사에서 같이 찍은 사진이 있었는데 지금은 앨범을 잘 들여다보지 않기 때문에 어디 있는지 잘 모르겠다.

그리고 초등학교 4학년 때인지 5학년 때인지 정확하지 않지만, 여름방학이 끝난 직후인데 희영이가 우리 반 아이들 앞에서 노래를 불렀다. 노래 제목은 기억 안 나고 가사는 대충 이러했다. "밝아오는 아침 해를 바라보면서 희망에 찬 새 나라로 전진합시다. 한 핏줄로 이어받은 배달의 민족 영원히 빛나리 영광 영광 대한민국 영광 영광 대한민국 영광 영광 대한민국 만만세 만만세" 아주 '국뽕'이 흘러넘치는 노래였고 이 노래를 얼마나 힘차게 잘 부르든지 감탄했었다. 그 뒤 나도 이 노래를 익혔다.

중학교 때 당시의 교복은 기성복으로 스마트와 엘리트 브랜드가 있었는데 스마트가 엘리트보다 더 반짝이는 느낌이 강했지만, 엘리트가 고급스러웠다. 나는 입학하면서 형으로부터 교복을 물려받아 입었는데 형이 3학년 때 입던 교복과 모자를 그대로 입고 다녔으니 그 모습이 어떨지 대충 짐작이 갈 것이다.

그때는 나팔바지가 유행이었다. 유행은 지나가고 나면 촌스럽기가 땅을 치고 후회할 정도인데 왜 그렇게 나팔바지 교복을 입고 싶어서 환장을 했을까. 그게 바로 유행이 지닌 마력일 것이다.

급기야 3학년 되던 해 어머니를 조르고 내가 고구마 잎줄기 따서 팔아 모은 돈으로 학교 앞 양복점에서 바지 끝단이 12인치나 되는 교복 바지를 맞춰 입었다. 꿈에 그리던 교복 바지를 입었는데 뭐가 좀 이상했다. 마치 한복 바지에 윗도리는 양복을 입은 개화기 때 사람들의 모습이랄까.

그때 희영이는 샀는지, 맞췄는지 모르겠지만 새 교복 한 벌을 입었는데 유행을 따르지 않고 바지 끝단의 폭이 좁은 평범한 교복이었다. 아마도 덩치가 커져서 지금까지 입던 교복을 입을 수 없어서 새로 장만했다고 생각되었고 유행을 따르지 않는 모습도 희영이라 멋있었는데 나는 그것이 연자 누님의 안목이라 생각되었다.

중학교 때 희영이는 나보다 덩치도 커졌고 가슴이 떡 벌어져 사내다운 모습을 나타냈었고 난 그런 희영이가 부러웠다.
어른이 되고 중학교 동창회에 가서 몇 번 만났다. 그 뒤 정규,

현수와 네 명이 용길이의 배를 타고 낚시 갔는데 낚시는 하지 않고 조현수랑 진보 대 보수 논쟁으로 술만 축내고 밤을 꼴딱 새웠다.

경상도 사람들이 박정희 신화에 빠져 박정희를 경제 살린 대통령이라고 아직도 칭송하지만, 현수의 주장도 그랬다. 난 그를 용서해서는 안 될 사람이라고 맞섰다. 왜냐하면 조국이 일본의 식민지일 때 일본군 장교로 독립군 잡던 매국노이고 국민의 선택으로 대통령이 되어야 하는데 그는 총칼로 정권을 잡은 사람이라 그렇다고 했지만 내 주장은 현수를 설득하지 못하고 도리어 그와 나는 돌아올 수 없는 강을 건너고 말았다.

밤새도록 언성을 높여 가며 토론하는데 정규와 희영이는 한마디도 안 했다. 자기의 견해가 있더라도 오랜만에 만난 친구끼리 저게 뭐냐는 핀잔의 의미도 있었을 테고, 다들 친구인데 어느 한쪽을 편들기 어려워서 그랬을 것이다. 가만 톺아보니 그 무렵부터 희영이와 내 사이가 서먹해진 것 같다. 확실한 이유를 모르겠지만 그것 외에는 딱히 짚이는 게 없다.

하지만 친구야!
확실히 역사를 공부한 뒤에도 자신의 견해가 그렇다면 자신의 신념대로 사는 것에 대해 인정한다. 그러나 신념은 신념대로 서로 인정하되 우린 초중학교 동창인데 우리가 서로 서먹한 사이가 되면 되겠나.

운명

　　　　　　　　　　　물건을 50~60년 사용하다 보면 당연히 고장이 난다. 사람도 5~60이 넘어가면 여기저기가 말을 잘 안 듣는다. 그래서 사람들의 나이가 50이 넘어가는 순간 대화 중 주제는 당연히 건강으로 넘어간다. 건강을 유지하는 길이 뭐냐는 질문에는 대개 운동을 권한다. 그런데 요즈음에는 운동하면 온몸이 쑤신다. 그래서 파스를 붙이고 한방 병원 가서 안마받고 번거로운 짓을 더 한다. 차라리 운동을 안 하느니만 못하다.

　젊은 사람들이 나에 대한 호칭을 '아버님'이라고 할 때, '세상 살 만큼 살았구나!' 하는 절망적 생각이 든다. 악착같이 모으고 싶었던 돈에 대한 애착도 사그라들고, 목숨까지도 걸 수 있다고 생각했던 사랑에 대한 가치도 젊은 날 한때의 치기(稚氣)로 여겨지기도 한다.

다섯 남매 중 무엇을 해도 잘 안되는 누이에게 마누라 몰래 돈을 보냈다. 이 못난 누이는 부동산 기획단에 속아서 살고 있던 집을 담보로 은행 대출을 받고, 지인들의 돈도 투자하게 유도하였다. 개발이 곧 된다는 지역에 조금씩 소위 '알 박기'를 하였는데 개발된다는 소문은 무성하고 좀처럼 실행은 되지 않았다. 그렇게 돈이 묶였고 빌린 돈에 대한 이자 내기도 어렵게 되어 집안이 거덜 나게 되었다. 부동산 기획단은 '회사'를 차려 누나에게 과장이란 직함도 주고 투자자를 구해올 때마다 해외여행도 시켜주고 하니 누나는 전력을 다한 것이다. 사건이 터지고 몇 년 동안 방관했지만, 그런 누이의 처지를 보고 계속 나 몰라라 할 수는 없었다.

형제일지라도 나의 돈을 남에게 준다는 것은 나의 사전에는 없던 말이었다. 같은 맥락일 수 있겠으나 돈에 대한 집착은 생명보존 다음으로 강했다. 결혼하고 주변 친구들 대부분 부부 교사이고 나만 '홑벌이'라고 느낄 때의 위기감과 열등감은 나를 '짠돌이'로 만들었다. 친구들과 식사하는 자리에서 "오늘은 내가 살게." 하고 호기를 부려보는 것이 바람이었던 적도 있었다.

시집 안 간다는 딸의 아파트 분양금으로 뭉칫돈(나에게는)을 보냈다. 그리고 아들한테도 마치 숙제하듯 딸과 형평을 맞춰서 퇴직금으로 받은 돈을 보냈다. 마치 마지막을 정리하는 사람처럼. 점점 세상사로부터 멀어진다는 생각과 세상사로부터 멀어진 만큼 작은 돈으로도 살아갈 수 있겠다는 자포자기적 '자신감'으로 하나하나 숙제를 해나간다는 느낌이 든다.

 왜 이렇게 마음이 여유로워졌을까. 돈에 대한 애착이 사그라들다니. 나이가 들어갈수록 생각은 많아지고 행동은 자꾸 굼떠진다. 그래서 단상에 젖어본다.

 젊었을 때는 DNA 복제 능력이 뛰어나다, 그래서 자신도 모르게 이성에게 끌리게 되는데 원하는 이성의 낙점을 받기 위해 사력을 다한다. 이성의 선택을 받으려면 남보다 뛰어난 능력을 지녀야 한다. 그래서 돈, 명예, 화술, 성격 등 무엇이든 남보다 더 우위에 서려고 한다. 그런 장점들을 이용하여 경쟁자를 물리쳐야 비로소 자기 DNA를 복제할 기회가 주어진다. 그래서 젊은이의 행동은 역동적이며 적극적이다.

 호모사피엔스 종은 이성을 쟁취하기 위한 경쟁자들이 갖추어야 할 요소 중에 으뜸이 부(富)의 소유이다. 세상에서 돈은 여러 가지 기능을 한다. 애초에 교환의 수단으로 고안되었지만, 자연스레 가치척도의 기능과 부의 축적 기능도 가지게 되었다. 사람들은 돈을 벌기 위해 총력을 기울인다. 심지어 범죄까지도 저지른다. 그런 와중에 형제일지라도 자기 돈을 나누려 하겠는가.

늙어가면서 자연스레 DNA 복제 능력이 떨어지면 일단 이성에 대한 관심도 줄어든다. 이 생명체의 근원적인 힘의 쇠락이 돈에 대한 집착에서 벗어나게 되는 첫 번째 이유가 아닐까 싶다.

사람들은 대다수가 젊음을 유지하려 안간힘을 쓰는 데 반해 늙어가는 것을 돌이킬 수 없는 자연스러운 현상으로 받아들이며 체념하는 사람도 있다.

필자는 생각하기를 '사람은 나이 드는 대로 강물이 흘러가듯 자연스럽게 흘러가야 한다.'고 생각한다. 젊음을 유지하고자 하는 욕심이야 다들 가지고 있지만 도리가 없다. 예를 들어 육칠십대 노인이 젊게 사는 게 좋다고 젊은이의 패션(찢어진 청바지)으로 다니면 다른 사람들이 평가하기를 앞에서는 '젊게 산다.'고 아부할지라도 뒤에서는 철이 덜 들었다고 험담할 것이다.

농경사회에서는 그렇지 않았던 세상의 눈은 산업사회에서 노인에게 그다지 호의적인 것 같지 않다. 그러면 농경사회에서는 왜 노인을 억지로라도 공경하려 했을까. 농경사회에서는 노동력을 모으는 일이 중요하다. 논농사는 일이 집중되기 때문이다. 가족노동이 중심인 우리나라에서는 가족의 화합이 무엇보다 중요하다. 누군가는 리더로서 역할을 해야 한다. 그래서 경험 많은 노인을 중심으로 대가족을 형성하고, 대가족이다 보니 가족 간의 불화가 있게 마련이고 이 갈등을 해결할 사람이 집안의 어른이 되어야 하므로 노인은 위치와 역할로 인정받을 수밖에.

그러나 현재는 산업사회이다. 사회는 하루가 다르게 변한다. 유지보다는 변화가 적합한 사회이다. 노인은 배움의 과정이 느리고 '내가 다 살았는데 더 배워서 뭐 하나.' 하는 생각으로 배우는 과정을 소홀히 한다. 사회 시스템에 맞게 가족도 소가족으로 분화되어 가다 보니 노인은 소외된다. 급기야 인구문제로 노인 인구의 급증은 젊은이들의 부양 부담으로 연결된다. 이제는 노인이 짐이 되어 버렸다. 말로는 '어르신' 하며 공경하는 척하지만, 진심은 아닌 경우가 더 많다.

서운해하지 말자. 젊은 날을 기억하며 그 시절에 집착하지 말자. 흘러가면 다시는 올 수 없는 길 당당히 걸어가자.

자연(自然)

"왜 갑자기 물결이~" 노를 저어가던 원주민은 갑자기 밀어닥치는 파도에 신경이 쓰였다. 곧이어 강 속에서 자기들이 타고 가는 카누보다 몇 배 더 커 보이는 기다랗고 검은 물체가 빠르게 다가오는 것을 보았다. "아나콘다!"는 외침과 함께 5명의 일행은 강으로 빠졌고 이미 한 명은 아나콘다가 칭칭 감아 으스러뜨리고 있었다. 물에 빠져 공포에 질린 사람들은 허우적거리며 필사적으로 헤엄을 쳤다. 다음 날 4명의 익사체는 경찰에 의해 발견되었으나 1명은 끝끝내 발견되지 않았고 실종 처리되었다. 이 이야기는 셀바스 지역의 아마존강에서 있었던 사건을 재구성하였다.

드넓은 초원이 펼쳐진 세렝게티 국립공원에는 매년 많은 관광객이 찾아온다. 자연의 일부인 동물들의 야생을 보기 위해서이다. 운이 좋으면 사자가 임팔라를 사냥하는 장면이라든가, 하이에나 떼가 사냥에 성공한 치타를 둘러싸고 사냥감을 뺏는 장면도 목격할 수가 있다. 치타는 동물 중에서 가장 빠른 단거리 선수이다. 그래서 사냥은 잘하지만 힘센 사자 무리나 집단적인 행동을 하는 하이에나 무리에게 사냥물을 뺏기는 경우가 허다하다. 특히 하이에나 무리는 사냥에 성공한 치타가 나무 위에서 먹이를 섭취할 때 그 나무의 밑에서 농성한다. 사자가 사냥할 때의 장면이다. 겁에 질려 필사적으로 도망치는 생후 1개월 남짓한 어린 임팔라를 낚아채어 임팔라의 목에 송곳니를 깊숙이 박는다. 어린 임팔라는 외마디 비명과 함께 짧은 생을 마감한다. 사자는 사냥물을 가족이 있는 곳으로 끌고 와 해체한다. 어미 임팔라는 멀리서 이 광경을 타는 애간장으로 지켜볼 뿐이다.

"앗!" 닭장의 알둥지로 들어서는 순간 비명을 지르고 말았다. 보기만 해도 징그러운 구렁이가 알둥지에서 달걀을 가운데 두고 똬리를 틀고 있었다. 자신도 모르게 닭장을 뛰어나와 작대기를 찾았다. 작대기를 쥔 채 구렁이를 노려보았다. "저게 도망도 안 가네." 구렁이는 1미터가 넘어 보였다. 처음에는 마구 패서 죽이려 하다가 차츰 놀란 가슴이 진정되면서 쫓아내야겠다고 생각했다. 그래서 알둥지에서 자줏빛의 갈라진 혀를 날름거리는 구렁이를 작대기로 쿡쿡 찔러댔다. 그제서야 스르르 똬리를 풀고 도망을 가는데 구렁이 담 넘어가듯 한다. 알 5개는 무사히 내 것이 되었다.

"야, 너 이리 와봐." 안경을 쓴 경태는 주눅이 든 채 학교 '일진' 들에게 주춤주춤 다가갔다. "야, 내가 배가 고픈데 빵 좀 사와. 우유랑" 껄렁거리며 유안이가 교실 바닥에 침을 칙칙 뱉으며 말했다. "돈이 없는데~" 기어들어 가는 목소리로 경태가 대답하자 "아, 이 새끼 봐라. 간이 배 밖으로 나왔네. 내가 너 센타 까서 나오면 1원에 한 대씩이다." 그리고서는 유안이가 경태의 옷 속을 뒤진다. "너 이 새끼 이게 돈 아니고 뭐야?" 바로 주먹이 날아든다. 돈 2,000원이 나왔다. "그건 집에 갈 차비야." 우는 목소리로 유안이 손에 든 돈을 도로 찾으려고 하였으나 옆에 있던 정만이의 발길질에 픽 하고 교실 바닥에 쓰러지고 말았다.

우리는 흔히 자연스럽다는 말에 좋은 의미를 부여한다. 가치 평가에 있어서 인공미보다는 자연미를 우위에 둔다. 인공은 인위적이고 작위적이며 억지스러운 면을 강조하고 자연은 당위성을 부여해 따져 보지도 않고 좋은 평가를 한다. 위에 제시된 4개의 글 내용은 인공이 가미되지 않은 자연스러운 현상에 관한 글이지만 읽으면 마음이 불편하고 어떻게든 개입을 해서 재구성하고 싶다. 특히 아나콘다의 먹이가 되는 사람을 구하고 싶은 것은 인지상정이다.

사회는 사람들이 모여 사는 곳이다. 호모사피엔스라는 종은 다른 종보다 두뇌가 뛰어나다. 그래서 사고를 하게 되고 자연스러운 행동 중의 하나인 자기 보호 본능이 발동되면 보다 안전한 미래를 위해 남의 것을 탐하게 된다. 그것을 제지할 수 없는 사회이면 그 사회는 아수라장이 될 것이다. 오직 작동하는 원리는 약육강식의 법칙뿐이다. 이 약육강식의 원리는 생명체들의 가장 자연스러운 본능이다.

따라서 인간은 자연스럽다는 말을 어느 때, 어느 곳에서나 가치를 높게 평가해서는 안 된다. 종(種) 간에도 차이가 크지만 같은 종 사이에서도 능력의 차이는 크게 나타난다. 인간 사회에서 자신의 능력을 발휘하여 선한 경쟁으로 살아가는 것이 좋은 규범이라 했을 때 이상적인 사회가 될까? 절대 그렇지 않다. 빈부격차가 커진다. 자연스러운 현상이다.

불편한 얘기 하나 하자면 남편이 병이 들어 생계가 어려워진 가정주부가 직장을 구했다. 다행히 얼굴이 반반하여 취직은 잘 되었으나 그 반반한 얼굴로 인하여 탐욕스러운 사장의 목표물이 되는 얘기가 있다. 당장 직장을 그만두고 싶지만, 병든 남편과 자식들이 눈에 어른거린다. 또 우리의 근대소설 김동인의 "감자"도 왕 서방의 돈에 주인공 복녀의 인격은 사치품일 뿐이라는 상황의 이야기다.

자연스러움을 방치한 사회에서 빈부격차는 인간성을 말살시킨다. 이런 사회는 화투판과 같다. 빈익빈 부익부 현상이 나타나는 것은 필연이며 부자는 빈자를 인격까지도 지배하게 된다. 사람이 사람으로 살아가려면 최소한의 경제적 바탕이 필요하기 때문이다. 그래서 자연스럽게 방치하는 것이 아니라 인위적으로 복지제도를 구비, 강제하여 사람들이 사람답게 사는 사회를 건설해야 인간이 사는 공동체가 된다.

재능

"필규야, 너는 커서 뭐가 되고 싶니?" 학기 초에 담임 반 아이들과 친해질 겸 신상 파악을 하느라고 상담 시간을 갖는다. "예, 저는 운동선수가 되고 싶어요. 호나우두 같은~" 필규는 EPL을 즐겨 본다고 했다. 호나우두가 소속된 팀 레알 마드리드의 경기가 있는 날은 밤을 새워 본다고 했다. "경희는 커서 뭐가 되고 싶어?" 경희는 반에서 키도 큰 편이고 성격도 활달한 편이다. "저는 골프 선수가 되고 싶어요." 한국의 여자 골프 선수들이 LPGA에서 우승도 하고 순위 안에 들면서 요즘 부쩍 골프 인구가 불어나고 있는 중이다. "네가 생각하기로 너의 집은 부유한 편이니?" 나는 걱정스러웠다. 다른 종목도 마찬가지지만 골프 선수를 키우는 데 많은 돈이 소요된다는 얘길 들어서 물었다. "우리 집요? 별로 못 살아요." 걱정스러운 듯 물었는데 경희는 부잣집이면 어머니를 학부모회 간부라도 시킬까 봐 그랬는지 재빨리 대답한다. "부모님과 상의는 해봤니?" 재차 걱정스럽게 물어보자, "아버진 하지 말래요." "음, 그랬구나!" 내 생각은 얘기하지 않았다. 앞으로도 수없이 목표가 바뀔 것이다. 그래도 담임교사로서 한마디 해줘야 한다는 강박으로 "네가 무엇이 되던 남들이 아는 만큼 알아야 하므로 공부를 게을리해서는 안 된다." "네, 선생님" 짧게 대답하고 들어가도 되냐고 묻는 듯 나를 쳐다봤다. "다음은 5번 영규" 마치 숙제하듯 번호대로 한 학생씩 불러내어 상담하지만 당장 상담한 아이들에게 '무엇을 어떻게 하라.'고 결론 낼 일은 아니었다.

교육자로서 한평생을 보내고 나니 제자들 중에 각자의 소질대로 아니면 희망대로 자기 진로를 못 찾아간 아이들이 가끔 있다. 실로 안타깝다. 물론 '다들 가고 싶어 하는 대학에 못 갔다.'라는 뜻이 아니라 저 아이는 무슨 분야에 소질이 있는데 그 소질을 발견하지 못하여 그쪽으로 유도해 주지 못하고 점수에 맞게 진학시킨 경우를 얘기하는 것이다.

사람은 저마다의 재주를 타고나는데 그것을 발현시키지 못했다면 안타까운 일이다. 배움에도 시기가 있다. 늦은 나이에 기타를 배우고 영어 회화도 해보고 테니스 교습도 받지만, 마음처럼 쉽지가 않다. 그나마 자신의 소질을 찾아 늦게라도 취미활동으로 한다면 다행이다 싶다.

초등학교 4학년 때는 아닐 것이다. 4학년 때는 남녀로 분반을 했기 때문에 선녀와는 같은 반이 될 수 없었다. 그러면 3학년일 가능성이 높다. 5~6학년 때는 같은 반이 아니었다고 하니. 3학년 때일 가능성은 더 커진다. 아침 일찍 교실로 들어섰는데 풍금 소리가 들린다. 아이들도 몇 명 없었다. 처음엔 풍금 타는 사람이 선생님인가 했는데 풍금을 연주하는 솜씨가 서툴다. 쳐다보니 선녀였다. 선녀는 음악책을 풍금 위에 올려놓고 인상을 써가며 풍금의 건반을 누르고 있었다.

충격이었다. 그때까지 선생님들의 지시로 몇몇 남학생들 틈에 끼여 풍금을 들고 이 교실 저 교실 다니기만 했지, 풍금을 배워 봐야겠다는 생각은 한 번도 못 했기 때문이다. 풍금은 선생님들만 다룰 수 있는, 그래야만 되는 악기인 줄 알았지, 감히 학생인 내가 연주해 본다는 것은 '불경'스런 생각이었다.

그 후에도 중학교 때 수월 1구로 봄 소풍을 갔는데 전교생 1, 2, 3학년이 함께 갔고 장기자랑 시간에 선녀가 하모니카 연주를 하여 나에게 부러움과 충격을 주었다. 얼마나 부러웠으면 집에 와서 판자에다 못을 박고 낚싯줄을 걸어서 기타 연주하는 흉내까지 내어 보았겠는가.

선녀는 공부도 잘해 성적도 우수하였다. 늘 나를 위협했으며 어떤 때는 나를 능가하기도 하였다. 한번은 담임 선생님께서 나를 부르시더니 "고추 달린 자식이 여자애한테 지다니!" 하고 발표하지 않은 성적표를 보여 주셨다. 더욱 분발해서 공부 열심히 하라는 뜻인 줄 잘 알지만, 선녀에 대한 막연한 두려움을 가진 계기가 되었다.

선녀는 조선시대 이전에 태어났으면 예인/광대로 천시되었을 것인데 시대까지는 괜찮게 타고났다. 그러나 그 재능을 키울 배경을 타고나지 못했고 신체적으로 조숙하여 사춘기가 빨리 오는 바람에 자의 반 타의 반 그 재능을 살릴 수가 없었다.

선녀는 초등학교 때 이미 키가 성인 여자의 키가 되었다. 가슴도 봉긋하여 늘 어깨를 움츠리고 다녔다. 우리 동갑내기들은 너무 어려서 선녀를 이성으로 바라보지 못하였지만, 선배들은 달랐다. 중학생 선배들의 입질에 오르내렸다. 까무잡잡한 피부에 약간 허스키한 말투에 큰 키에, 섹시하다는 조건을 다 갖춘 여학생이었다. 아니나 다를까 중학교 진학 후 선녀에 대한 소문이 남학생들의 얘깃거리 단골 소재가 되었다. 당시 남학생들은 직접적으로 성욕을 해소하진 못했지만, 대신 여학생들을 대상으로 자신의 상상력을 펼치며 성욕을 해소하고 있었다. 소문은 "선녀는 하교 후 자기 집으로 안 가고 다른 동네로 돌아다닌다." "어떤 선배랑 그런 사이다." 어떤 놈은 못 먹는 감 찔러나 보자는 심보로 "그 가스나 걸레다." "누구랑 했다더라." 등등.

그러던 그녀는 통영여고로 진학했고 통영고에서 조금 '논다'는 놈들의 타깃이 되었다. 여름 방학 때라고 했다. 통영고에 다니던 중학교 동창 영개와 그 친구들이 선녀와 함께 해수욕장에 놀러 갔다가 복싱 선수 출신 용빈 선배한테 걸려 여고 졸업도 못 하고 말았다. 그 소문을 듣는 순간 고등학생인 나는 내가 무슨 죄라도 지은 냥 안타까웠다.

 선녀는 이제 혼자 산다. 용빈이라는 사람과 반강제적으로 결혼했다가 그 사람이 바람을 피워 이혼했다고 한다. 취미 생활로 색소폰을 배웠는데 솜씨가 프로급이다. 유명 연예인은 못되었지만 늦게라도 색소폰 연주로 자기 재능을 살려간다니 퍽 다행스럽다.

짐승 가족

"아이구, 저 옷에 개털 좀 봐." 아내는 치듯이 내 옷에 붙은 털을 떼 낸다. "뭐가 그게 대수라고 난리야." 요즘 부쩍 잦아진 아내의 잔소리가 듣기 싫어 언성을 높이며 댓거리를 하였다. "방에 들어올 때는 좀 털고 들어와. 무슨 방이 돼지우리도 아니고~" "나 원 참, 뭐가 그리 더럽다고 그래." 마주치기만 하면 티각태각 다툰다. 다른 부부들은 우리 나이가 되면 서로 측은지심이 발동하여 안 싸운다는데 우리 부부는 그렇지 않다. 퇴직한 이후로 아내는 나보고 부엌을 책임지란다. 자기는 직장을 다니니 내 밥을 못해 주겠다고 선언했다. "언제는 잘해줬나." 하고 내뱉고 싶었지만, 장기전이 될까 봐 목구멍까지 올라왔던 말을 삼키느라 인상이 구겨졌다.

아내는 다이어트한다는 핑계로 거의 집에서 밥을 먹지 않는다. 밥을 먹는 사람은 나 혼자뿐이다. 직장에서 주는 점심만 먹고 나머지는 주전부리로 밥을 생략하는 것이다. 자신이 밥을 안 먹으니 밥해주기가 싫겠지. 아내는 빨래와 청소만큼은 선수급이다. 결벽증에 가까울 정도로 쓸고 닦는다. "아이구! 저런 여편네 하고는~, 사람을 위해서 집이 있는 거지 집을 위해서 사람이 있는 건감? 남편 밥은 안중에도 없고 그저 청소 빨래는~" 늘 마누라에게 하는 말이지만 아내는 귓등으로도 듣지 않는다. "알아서 먹어" 돌아오는 대답은 늘 이런 식이다.

나는 아내가 내 밥을 신경 쓰지 않는 것은 나에 대한 사랑이 없기 때문이라 생각해 왔고 오래전부터 서운했다. 그리고 아내의 성격은 일단 싸움이 시작되면 말이 되던 안되든 일단 내뱉고 본다. 몇 년 전까지만 해도 싸우다 분이 안 풀려 계속 싸웠지만 요즘은 싸우다 무성산 중턱에 있는 나의 피신처 농막으로 도망치듯 가버린다. 싸울수록 분이 풀리기는커녕 감정의 밑바닥까지 드러내기 때문이다. 무성산 농막에는 나를 위로하는 동물들이 살고 있다. 나만 보면 꼬리치고 따른다.

우리 집에는 개 두 마리와 거위 두 마리, 닭 아홉 마리 그리고 쥐로부터 달걀을 지키는 파수꾼 고양이 두 마리까지 15마리가 살고 있다. 개는 닭을 자주 물어 죽이고, 고양이도 새끼 때 물어 죽인 적이 있어 다른 동물들은 교실만 한 비닐하우스 공간에 함께 키우지만 개 두 마리는 공간을 분리하였다. 개도 얼마 전까지

네 마리였는데 두 마리는 입양을 보냈다. 잡아먹지 말라는 당부와 함께.

개가 네 마리였었다. 개들은 하도 싸워서 두 칸으로 나누어 키웠다. 보통 개들은 서열이 정해지면 잘 싸우지 않는데 그 진돗개란 놈은 목숨이 끊어질 때까지 덤비다가 진짜로 죽겠다 싶으면 일단 도망을 간다. 그랬다가 또 덤빈다. 내가 키우는 개는 진돗개의 순종이 아니라 아버지는 진돗개였고 어머니는 말티즈였는데 엄청난 덩치 차이에도 새끼를 만들었다. 총 네 마리를 낳았는데 두 마리는 분양 보냈으나 두 마리는 분양이 안 되어 지금까지 8년을 그냥 데리고 살다가 결국 지난달에 분양했다.

다른 진돗개들도 그런지는 모르겠다. 우리 집 진돗개 형제는 리트리버에게 늘 시비를 건다. 리트리버는 잘 싸우지 않는데 우리 집 리트리버는 도사견과 합작품이라 그런지 참다가 성질나면 사나워져 주인인 나도 무섭다.

닭들은 백봉오골계와 청계 그리고 시장에서 사 온 산란용 닭들이 산다. 오골계와 청계는 알이 잘다. 그래서 산란용 닭들이 나는 더 좋다. 난 닭을 키우면서 한 번도 잡아먹지 않았다. 닭은 개에 비해 잘 죽는 편이다. 가끔 마이신을 먹이는데도 그렇다. 닭들이 시름시름 앓으면 어떻게 할지 몰라 안타깝기만 하다. 그러다가 이틀 정도 행동이 느려지고 모이를 줘도 적극적이지 않고 구석에서 웅크리고 있다가 다음 날 닭장에 들어가면 죽어 있곤 한다. 닭들에 대한 전문 지식을 쌓아야겠다.

공주 오일장이 열리는 날은 1일과 6일이다. 장 구경 갔다가 암평아리 다섯 마리를 사 왔다. 잡아먹지 못하기 때문에 수탉은 사질 않는다. 그래서 다 큰 병아리를 사 왔다. 또 다른 이유는 중닭 이상이 되어야 암수를 구분할 수 있고 그 정도 자라야 잘 죽지 않는다. 이제 닭 식구가 아홉 마리로 늘었다. 지금은 도망을 가지만 조금 지나면 먹이 주는 날 졸래졸래 따라다닐 것이다. 내가 닭을 잡아먹지 않는 이유이다.

장마가 끝나고 고양이 얼굴을 보니 털이 듬성듬성 빠져 있다. 피부병에 걸렸다. 동물병원으로 가서 뿌리는 약을 사서 뿌려 주었다. 그런데 10일 이상을 뿌렸는데도 차도가 없다. 뿌리는 곳도 차도가 없지만 다른 곳의 털도 원형으로 빠진다. 주사를 맞히거나 약을 먹여야 한다는 생각이 들었다. 왜냐하면 뿌리는 약은 뿌린 부위에만 조금 영향을 미칠 것이고 그렇지 않은 곳은 영향을 미칠 수가 없지 않은가. 대신에 먹는 약이나 주사는 혈관으로 투입되어 혈액 속에서 피부병 균을 제압할 것이다. 그래서 그 동물병원으로 갔다. 가면서 생각해 보니 주사로는 안 될 것 같았다. 주사를 한번 놓으면 그 고통 때문에 고양이는 나를 멀리할 것이다. 그래서 먹는 약을 선택했다.

주인은 10일 정도 먹이라고 10알을 1만 원에 주었다. 그런데 고양이에게 어떻게 먹일 것인가. 아주 쓴 맛이 난다고 했는데 고양이가 먹어 주기나 할 것인가. 그때 스치는 묘안이 생선 통조림에 섞어서 먹이자. 그래도 약 냄새가 나면 먹지 않을 텐데. 이런저런 걱정을 하면서 생선 통조림에 약을 섞어서 주고 지켜봤더니 우려와는 달리 깨끗하게 먹었다. 아! 낫겠구나. 안도감이 들었다.

동물을 키우면 매인다. 어디 집을 비우고 2박 이상의 여행을 갈 수가 없다. 그래서 어떤 때는 귀찮다. 그러다가 그들이 나를 의지하고 밥 주는 나를 졸래졸래 따라다닐 때는 평화와 행복 그 자체이다. 난 그들로부터 마음의 안정을 얻는다.

텃밭 농사

"김 서방이라고 다 잘할 수 있남?" 작년 김장 때 내가 지은 배추 농사를 보고 장모님께서 또 하신 말씀이다. 다들 배추 모종을 사다가 심는데 나는 농협공판장에서 씨앗을 사다 뿌린다. 모종을 하지 않고 파종하는 이유는 어지럽게 뿌려진 배추 씨앗들이 싹이 트고 자라기 시작하면 연한 것을 솎아서 나물로 무쳐 먹기도 하고 닭에게 주면 닭들이 아주 좋아한다.

그리고 농약은 쓰지 않는다. 농약은 뭇 생명을 무차별로 죽이므로 사용을 자제해야 한다. 정 벌레들이 극성을 부리면 손으로 잡으면 된다. 그 결과 나는 해마다 장모님의 '위로'를 들어야 했다. 그런데 농사를 지어갈수록 속상하다. 그 뙤약볕 아래서 모기들에게 뜯겨가며 애써 지은 농사가 해마다 빈정거림 조의 '위로'로 다가오니 농약을 조금 써야 한다는 쪽으로 기우는 중이다.

어줍잖은 농사꾼인 나는 멀칭도 하지 않는다. 작물 중에는 겨울을 나야 맛이 나는 것도 있고 무엇보다도 죽을지도 모른다는 위기감을 느껴야 개화가 되고 다음 세대를 생산할 수 있다. 중학교 시절 농업 시간에 러시아의 과학자 리센코가 개화를 유도하기 위해 저온 처리한 것을 두고 춘화처리라 한다고 배웠다. 그러나 나는 춘화처리를 위해 멀칭을 안 하는 것은 아니다. 공주의 겨울이 춘화처리를 걱정할 만큼 따뜻하진 않다. 쓰레기 특히 비닐 종류의 쓰레기가 지구를 뒤덮고 있는 지금 나 혼자만이라도 쓰레기를 줄여보자는 '갸륵한' 마음에서이다. 그랬더니 작년 마늘 농사는 종자도 못 할 만큼 되어 버렸다.

비닐 멀칭에서 벗어나기 위해 고민하다가 '가을에 떨어지는 솔잎으로 덮으면 어떨까?' 하고 생각하였다. 언젠가 테니스 끝나고 식사하는 자리에서 그 얘기를 꺼냈더니 나보다 조금 더 농사꾼이신 이 선생님께서 솔잎은 보온용으로 쓰면 솔잎에서 나오는 독특한 성분으로 인하여 작물이 죽게 된다는 것이다. 그 독특한 성분이 무언지 이 선생님도 모르셨고 나도 찾아보지 않았다. 그러면서 방앗간에 가서 왕겨를 구해다 덮으라고 권했다. 왕겨를 쓰면 좋긴 한데 가뜩이나 차가 더럽다고 핀잔하는 아내의 잔소리가 떠올라서 포기하였다. 그렇다고 1년에 한 번 사용하기 위해

승용차를 짐차로 바꿀 수도 없고. 그래서 올해는 말라가는 풀을 베다가 마늘밭에다 덮었다. 내년에는 마늘 수확이 어떻게 될는지.

농사는 때를 못 맞추면 1년을 굶어야 한다. 특히 우리가 사는 온대지방이 그렇다. 열대지방이야 늘 따뜻하니 언제든지 작물을 심고 키울 수 있지만 사계절이 뚜렷한 온대지방은 씨 뿌릴 때 씨 뿌리고 거둘 때 거두어들이지 못하면 1년 농사를 망치는 것이다. 그래서 계절에 따라 미리미리 준비하지 못하는 사람을 조상들은 "철(계절)없는(모르는) 놈"이라고 나무랐던 것이다.

농사를 하는 사람이 철을 모를 리가 없다. 그런데 왜 철없는 놈이라는 말이 횡행하게 됐을까. 그 원인은 게으름에 있다. 농사를 봄, 가을에만 짓는다면 문제가 덜 하겠지만 추위가 가시기 전에 준비해야 하는 농사도 있고 더위가 가시기 전에 준비해야 하는 농사도 있기 때문에 미적거리다 때를 놓치는 것이다.

내가 살고 있는 공주는 8월 10일 정도면 밭을 정리하고 배추, 무씨를 파종해야 하는데 그 무렵이면 장마가 끝났거나 늦장마가 있는 해는 장마 중이라 김을 매고 돌아서면 풀이 우거지곤 할 때이고 풀도 보통 자라는 것이 아니고 호랑이 새끼 칠 정도로 많이 자란다. 그리고 풀밭에는 모기와 각종 풀쐐기 종류의 풀벌레들이 자기들의 서식처를 파괴한다고, 아니면 놀라서, 사람을 공격해 댄다. 그냥 피 한 방울 뺏기는 거야 참을 수 있는데 무슨 독을 집어넣었는지 가렵기가 점잖은 사람 체면을 완전히 구기게 한다.

올여름도 마누라에게 칭찬을 못 받을 줄 알지만, 습관적으로 무, 배추씨를 파종했다. 날씨가 너무 더웠다. 그리고 해마다 처가 식구들은 내가 키운 배추보다는 상품 가치가 더 있는, 즉 벌레 먹은 자국이 없는 배추를 선호하므로 그다지 절박하지도 않다(참고로 우리 김장은 처갓집에서 공동으로 한다). 이래저래 차일피일하다가 일주일이 지나갔다. 철없는 놈이 되기 직전에서 벗어났다.

30도가 웃도는 날씨에 챙 넓은 모자를 눌러쓰고 긴팔 옷을 입고 또 아랫도리는 공주 장날에 산 몸뻬를 입고 장화를 신었다. 완전무장이다. 일도 하기 전에 땀으로 옷이 젖기 시작했다. 그러고도 맨살이 드러나는 부위엔 모기, 벌레 퇴치제를 발랐다. 정말 가려운 것은 참기 힘들기 때문이다.

이때쯤이면 밭에는 참바랑이가 극성으로 자라는데 우리 밭에는 현재 허리까지 자라고 있고, 이것이 기어다니면서 뿌리를 박아 번식하므로 땅에서 안 떨어지려 땅을 꽉 붙잡고 있는 통에 뽑아내기가 여간 힘든 게 아니다. 그리고 또 빠른 속도로 잘 자라는 풀이 쇠비름이다. 이것은 뽑아내다 보면 똑똑 잘 부러지는데 부러진 토막도 잘 버려야 한다. 쇠비름은 '빨랫줄에 일주일 말려놔도 땅에 닿으면 산다.'는 풀이다. 그리고 내 밭에서 골치 아픈 풀이 쇠뜨기이다. 이 풀은 땅속에서 뿌리를 뻗어 번식하는데 삽으로 깊이 파서 캐내지만, 끊어진 뿌리를 다 찾아 없애기 전에는 죽일 수가 없다. 이것 또한 번식력과 생명력이 농부의 기를 질리게 한다.

어쨌거나 풀을 제거하고 배추씨를 뿌렸다. 2행정짜리 엔진이 달린 경운기가 시동이 안 걸려 쇠스랑으로 밭을 일구려니 죽을 지경이었다. 사실 너무 힘들어서 잡초 매는 날과 씨 뿌리는 날을 나눠서 했는데도 그렇다. 배추밭을 완성하고 난 뒤 무 파종을 하려니 도저히 엄두가 나지 않는다. '에이 ××! 내가 이것 아니면 죽나?'는 생각이 들어 철없는 놈 되기로 작정하고 대충 마무리하고 말았다. 마누라 말마따나 돈만 주면, 마트에서 깨끗이 다듬어 놓은 것들을 이용할 수 있는데.

참 알 수 없는

나의 기억 속에 어머니는 건강하게 생활하는 모습보다는 아파서 누워 계신 모습이 더 선하다. 아버지는 그런 어머니를 병원에 데리고 갈 엄두를 내지 못하시고 어떤 병에는 어떤 약초가 좋다더라, 어떤 동물을 잡아서 푹 고아 장복하면 낫는다더라 등의 민간요법에 의존하셨다. 그래서 고양이를 잡아 자루에 넣어 물에 질식사시키는 것도 보았고, 산에 가서 각종 약초 뿌리 캐어 가마솥에 넣고 달이는 것도 일상이었다. 돈이 없기도 했지만, 당시는 건강보험 같은 제도가 없어 가족 중 하나가 중병에 노출되면 가정이 풍비박산 나는 것이 다반사였다. 그래서 병원 문턱도 못 가보고 포기하는 경우가 잦았고 우리 집도 마찬가지였다.

막내로 태어난 나는 어머니의 사랑을 가장 많이 받고 자랐다. 초등학교 입학 후에도 어머니 곁에 붙어 잤으며 어머니의 젖을 만지며 잠을 청했다. 어머니와 아버지는 나이 차이가 10살이 났다. 두 분은 항상 의견이 달랐고 어머니는 아버지에게 고분고분하지 않았으며 그로 인해 늘 다툼이 있었고 자식들에게 노출하지 않으려 노력은 하셨지만, 우리 형제들은 다 알고 있었다.

부모님이 말다툼하실 때마다 이유는 잘 몰랐지만, 아버지는 우위를 점하셨고 어머니는 약자로 비쳤다. 형들이 서울로 돈 벌러 가고 부모님과 누나와 나 4식구만 살 때부터 두 분이 다투실 때마다 나는 아버지에게 미운 감정을 키워나갔다. 왜 어머니를 괴롭히느냐는 것이 아버지에 대한 미운 감정을 쌓아가는 이유였다. 물론 누가 잘했는지 객관적인 사실은 모른다. 그냥 감정적으로 아버지가 싫었다. 중학교 2학년 때 아버지에게 말대꾸하다가 급기야 맞기까지 하였고 더욱 아버지를 멀리하게 되었다.

고등학교 때는 지금의 광명시로 이사를 하였다. 진해고등학교 한 달 보름 정도 다니다가 경기도 안양시에 있는 양명고등학교로 전학하였다. 이사를 한 집은 그린벨트 지역에 단열재도 없이 시멘트 블록만으로 찬 바람만 겨우 막는 집인데 겨울에는 냉기가 더한 집으로 이사하였다. 그린벨트 지역에 있는 집이라 보수도 할 수 없고 허물어질 때까지 살다가 못 살면 다른 곳으로 이사하여야 했다.

고등학교 때는 대학 문제로 아버지와 계속 부딪혔다. 아버지의 경제관념은 절약이다. 얼마를 버느냐가 중요한 것이 아니고 번 돈을 쓰지 않는 것이 중요하다고 말씀하실 때마다 말은 하지 않았지만 비웃고 있었다. 따라서 아버지는 우리 형편에 대학 가려고 하는 나를 철없는 놈으로 간주하고 계셨다. 나는 대학을 가야 돈도 벌고 그럴싸한 곳에 취직도 하며 사람답게 살 수 있다는 생각이었다.

20살이 넘어설 때 그런 아버지를 이해하려고 노력했으나 좀처럼 가까워지지 못했다. 대학 3학년 때 아버지가 돌아가셨다. 아버지를 이해하려고 했는데, 아버지와 가까워지려 했는데. 아버지는 뇌졸중으로 갑자기 쓰러지시고 병원에서 퇴원하라는 말로 소생할 가망이 없음을 알려줬다. 나는 뒤늦게 전보를 받고 올라왔다. 식음을 전폐한 지 3일이 넘어가고 있던 날 난 집에 도착한 것이다. 그날은 혼자 아버지를 지키겠다고 피곤한 가족들이 눈을 붙이도록 배려했다. 그래서 임종을 혼자 지키게 되었다. 새벽 4시 무렵 마지막 숨을 거둘 때, 누나, 형들이 잠시 잠든 사이에 아버지는 그렇게 혼자서 먼 길을 떠나셨다. 부천의 화장터 뒷산에 혼자 유골 가루를 들고 올라가 아버지를 하늘로 보내드렸다. 이제는 자유스럽게 훨훨 날아다니시라며 울면서 아버지를 보내드렸다. 아버지로 인하여 흘린 두 번째 눈물이었다.

대학을 졸업하고 발령도 받지 못한 채 징집되었다. 1985년 3월 20일에 진주에서 군용열차를 탔는데 기간병들은 우리들을 장정이라 불렀다. 그 기간병들은 하루 종일 우릴 굶겨서 춘천 보충대로 데리고 갔다. 굶기기만 한 것이 아니라 사제 물을 빼야 한다며 기차 안에서 목적지에 도착할 때까지 기차 바닥에 기어다니게 하였다. 새벽에 출발한 군용열차는 밤 7시가 넘어서야 춘천에 도착했다. 소위 말하는 102보충대에 도착한 것이다. 어머니가 걱정되었다.

입대 직전에 가난해서 병원도 제대로 다녀보지 못한 환자인 어머니를 모시고 104번 노선버스를 타고 소하리(지금의 소하동)에서 서울 신길동에 있는 성애병원으로 모시고 갔다. 물론 당시는 건강보험 제도도 없고 내 수중에는 버스 토큰 두어 개밖에 없었다. 병원에 도착했을 때 내가 접수하는데 어머니의 주머니에서 고깃고깃 구겨진 지폐가 나왔다. 어머니는 검진을 다 받으시고 나오는데 그렇게 긴 시간이 걸리지 않았다. 어머니에게 돈을 받아 진료비를 내려고 하는데 담당 의사가 나를 불러 세웠다. 보호자냐고 물었다. 그렇다고 했다. 아들이냐고 재차 물었다. 그렇다고 하니 욕에 가까운 언사를 하며 혼을 내었다. 어떻게 이 지경이 될 때까지 방치했냐며. 그리고 덧붙이는 말이 맛있는 거 사드리고 구경 가고 싶다면 그렇게 해드리라고 했다. 나는 사형선고임을 직감했다.

바깥에서 어머니가 기다리고 계셨다. 담뱃갑을 내밀었다. 라이터도 함께. 첫째 형을 잃은 이후로 그렇게 못 끊으시던 담배를 끊겠다고 하신 것이다. 어머니는 이미 복수가 차고 있었다. 어머니를 똑바로 쳐다볼 수 없었다. 내 표정을 들킬까 봐 소하리까지 같이 갈 수가 없었다. 누나네 잠깐 볼 일이 있다고 하고 104번 시내버스를 태워드리고 신길동 누나네로 갔다. 자학하고 싶었다, 아니 자해하고 싶었다. 내가 그토록 사랑했던 어머니가 저 지경이 될 때까지 난 뭘 했나. 여자의 꽁무니만 쫓아다녔나. 내가 결혼하고자 했던 여자는 착하고 지혜로웠지만 약했다. 그 순간 약한 여자는 절대로 안 된다는 생각이 왜 들었는지 도무지 알 수가 없다. 고불거리는 골목길을 올라 누나네 도착했고 누나 앞에서 울고 울었지만 지금 생각하면 누나 마음만 아프게 한 것 같다.

훈련소에서 개, 돼지처럼 땅에 기어다녔지만 느낌이 없었다. 편지도, 전화도 그 어떤 통신수단도 이용할 수 없었다. 따라서 어머니의 안부를 알 길이 없었다. 훈련이 끝나고 집에 편지 한 통씩 쓰라고 했다. 이런 낭패가, 주소가 생각이 나지 않았다. 편지를 다 쓰고 훈련소에서 부치지 못했다. 그리고 자대로 가는 버스를 탔다. 삼척에서 훈련을 받았는데 버스는 북으로, 북으로 올라갔다. 버스는 38 휴게소에서 쉬었다. 겨우 기억해 낸 주소로 휴게소 주인에게 부탁하였다. 편지 좀 부쳐 달라고.

자대 배치받은 3개월 후 야간 훈련을 끝내고 낮에 막사에서 취침하려는 순간 본부대 행정병이 부고를 가지고 날 찾았다. 직감이 되었다. 그리고 바로 본부 대장에게 보고한 후 속초에서 서울행 고속버스를 탔다. 그런데 어이없는 일이 일어났다. 그렇게 사랑하는 어머니가 돌아가셨는데 사제 인간들 구경하느라 슬픔까지도 잊어버린 것이다. 어머니 관 앞에서 엎드려 우는데 눈물이 나지 않는 것이다. 친척들 보기가 민망할 정도로 눈물이 나지 않아 얼굴을 파묻고 곡만 했다.

아버지와 마찬가지로 장례를 치렀다. 묘지를 쓸 땅도, 공동묘지로 갈 돈도 없었고 생전에 아버지께서 '고향 가서 못 묻힐 바에야 화장터 뒷산에서 바람에 날려라.' 하고 하신 말씀을 유언 삼아 죄책감을 줄이며 그렇게 하였다. 내가 직장을 잡고 조금 여유가 생겼을 때 어머니 아버지의 산소가 없는 것을 두고두고 후회하였다. 그러나 조금 길게 생각해 보면 묘지가 있다 한들 손주들이 벌초나 할까.

세월이 흘러 내 나이 이제 아버지 돌아가실 때의 나이가 되었다. 내가 아버지가 되면서부터 어머니보다는 아버지가 더 생각나고 아버지가 더 그립다. 왜? 내가 아버지니까!

가위눌림

사람들은 잠을 자게 되면 꿈을 꾼다. 어떤 꿈은 희미하게 꾸어 긴가민가하지만 어떤 꿈은 선명하여 현실처럼 느껴진다. 달콤하고 좋은 꿈은 다시 꾸고 싶지만 좋다고 생각하는 꿈일수록 다시 꾸고자 하면 절대로 그 꿈은 꾸어지지 않는다. 악몽이나 흉몽은 자주 꾸게 되면 걱정이 된다. 꿈을 해석하는 것은 미신이고 비과학적이라고 하더라도 대부분 사람들은 혹시나 모를 앞날을 예시하는 징조로 받아들이기 때문에 여간 신경 쓰이는 것이 아니다. 그래서 사람들은 꿈 얘기를 주변 사람들과 하게 되고 주변 사람들은 그 꿈을 해석하려고 한다.

우리 고전 소설 춘향전에서도 춘향이의 꿈 얘기가 등장한다. 변 사또의 수청을 거절한 춘향이는 옥에 갇히게 되는데 이 도령이 암행어사로 남원에 암행하기 직전 밤에 꿈을 꾼다. 손거울이 와장창 깨지는 꿈이다. 꿈을 꾼 당사자인 춘향이는 불길하다고 해석하는데 유명한 점쟁이는 길한 꿈이라고 해몽해 준다. 소설의 복선 부분에 해당하지만 여기서 강조하고 싶은 점은 '우리 민족이 꿈을 미래에 대한 예시로 해석한다는 강력한 사례 중 하나이다.'라는 점이다.

대한민국 사람이라면 공통적으로 꾸는 악몽이 있는데 바로 시험 보는 꿈이다. 나 또한 이 꿈에서 자유롭지가 못하다. 내가 꾸는 꿈은 시험지를 받아드는 순간 글자가 안 보인다거나 시험문제를 다 풀지도 못했는데 종이 울리는 안타까운 순간이 반복된다. 글자가 안 보이는 시험 문제지를 교체해 달라고 감독 선생님에게 말씀드리는데 그 감독 선생님은 딴청을 피고 계시거나, 시험문제를 풀다가 1~2개 풀었을 때 시험 끝을 알리는 종이 울려 당황할 때 꿈에서 깨어난다. 이런 얘기를 주변 사람들에게 했더니 정말 많은 사람들이 자기들도 그런 꿈을 꾼다고 했다.

대한민국에서 남자들은 여자들보다 한 가지 더 공통적인 악몽을 꾼다. 그 꿈은 군대에 관한 꿈이다. 내가 자주 꾼 군대에 관한 꿈은 대충 다음과 같다. 군대에서 전역을 하려면 특명이 내려와야 한다. 국방부에서 특별명령이 떨어져야 현역에서 예비역으로 전역을 하게 되는 것이다. 그런데 꿈에서는 아무리 기다려도 특명이 내려오지 않는 것이다. 이유를 알아보기 위해 동분서주하다가 깨는 꿈, 또는 전역해서 사회에 나온 지 얼마 되지 않았는데 또 징집명령이 떨어지는 꿈이다. 명령을 어길 수 없어 군대에 가 보면 군대 있을 때의 전우들이 그대로이다. 그런데 나보다 계급이 높다. 나는 갓 들어갔으니 이등병이다. 이제 역전이 되어버렸다. 갈구던 위치에서 갈굼을 당할 위치가 되어버린 것이다. 꿈에서도 앞날이 깜깜했다. 군대 행정반에 가서 '왜 징집명령이 또 내려왔냐, 당신도 알잖냐, 엊그제 이 부대에서 제대한 사실을' 하고 따지면 인사계(지금의 행보관)는 '너의 큰형이 군대 미필이기 때문에 네가 대신 복무를 해야 한다'는 것이다. 그게 말이 되냐고 격렬히 항의하다 깨곤 했다. 이 꿈 역시 나만 꾸는 꿈이 아니었다. 꿈의 내용은 조금씩 다르지만, 군대에 대한 악몽을 여전히 꾸고 있었다. 그리고 내 나이 오십 줄에 가까워서도 군대에 관한 꿈에 시달렸다.

대한민국 사람들은 왜 이런 악몽을 공통적으로 꾸게 되는 것일까. 공부를 잘하는 학생도 공부를 못하는 학생도 학창 시절의 가장 큰 압박이 공부이지 않았을까 싶다. 공자는 배우면 좋다고 했는데, 대한민국에서 배움터인 학교에 대한 기억이 그 배움으로 인해 좋다고 생각하는 사람이 한 사람이라도 있을까. 공부 자체만 놓고 보면 맞는 말인 듯하다. 몰랐던 것을 알게 되면 즐거워야 정상이다. 그러나 그 배움을 더 빨리, 더 심화시키기 위해 경쟁을 도입하면 결코 즐거워질 수가 없다. 경쟁은 타인보다 훨씬 큰 능력을 소지하여 경쟁만 하면 이기는 몇 명을 제외하고는 대부분 사람들의 피를 말린다. 그런데 즐거워하라고?

군대도 마찬가지이다. 지금까지 친하게 정들었던 사람들과 장소를 떠나, 낯설고 물선 타지로, 그리고 지금껏 한 번도 경험하지 못한 일에 부닥쳐야 하는 불안함 등이 부담으로 다가온 것은 아닐까. 또한 구속된 상태, 그리고 따라야 하는 규율, 따뜻한 인간미는 사라지고 정당하든 부당하든 따라야만 하는 명령에서 오는 정신적 압박과 신체적 피곤함, 울타리 밖으로 벗어날 수 없는 답답함, 이런 것들이 군대에 대한 염증을 느끼게 한다.

창살 없는 감옥이라고 했던가. 원해서 간 곳도 아니고 징집을 당해 어쩔 수 없이 간 곳이기 때문이다. 애국심 운운하지 마라. 사실은 사실이다. 우리 사회에서 돈 많고 권력 있는 집안의 자제들이나 당사자들은 미필이 많은 것만 보아도 내 짐작이 맞을 것이다.

강한 스트레스는 사람의 생명까지도 단축시킨다. 건강의 가장 큰 적은 압박감이라고 했다. 군대에 대한 악몽도 시험에 대한 악몽도 세월이 약이더라. 그러나 그 세월이 길었다. 고추, 당초보다 매운 시집살이는 자신이 끊을 수 있는 위치에 있을 때 끊어야 대물림이 안 되듯이 군역과 시험에 대한 스트레스도 우리 당대에 끊어야 하지 않을까. 젊은 사람들이 아기를 낳지 않으려는 이유 중 한 가지에 포함되는 사안이던데, 단군 자손의 만만세를 위하여.

생색

사람의 성격은 외부적 환경에 영향을 받아 형성된다. 그 외부적 환경 중 그가 태어난 가정환경이 지속적이면서도 비중 또한 클 수밖에 없다. 가정을 이루고 있는 구성원들, 그들의 활동, 소유 물품, 생활 습관, 일상생활 등은 특정인의 성격 형성에 영향을 끼치는 요인들이다. 그래서 '인성 교육은 가정교육에서부터'라는 말이 부정되지 않는다. 유전적 요인을 주장하는 경우도 없진 않지만, 후천적 학습에 의한 성격 형성이 더 강하다고 본다. 예를 들어 쌍둥이가 태어나자 한 명은 미국 가정에서, 한 명은 한국 가정에서 길렀다고 했을 때 큰 성격 차이를 보일 것이다. 만약 그렇지 않다면 교육 무용론으로 발전할 수도 있다. 특정인은 자신이 가장 많이 노출된 환경과 또 빈도수는 적다 할지라도 각자가 받아들이는 충격파의 정도가 셀수록 그의 성격 형성에 영향력이 클 것은 불문가지.

 사람은 누구나 자신을 타인에게 돋보이게 하고 싶다. 그래서 자기 자랑을 많이 하게 되고 자신의 선행을 타인이 알아줬으면 하는 마음에서 생색내게 된다. 즉 생색은 '나는 너를 위해, 아니면 그 사람을 위해, 아니면 우리 조직을 위해 내가 고생했으니 나를 대우해 달라'는 함의가 있다. 하다못해 칭찬이라도 듣고 싶은 것이다. 반대로 과묵하고 순수한 성격을 가진 사람은 생색내고 싶은 일이 있어도 쉽게 발설하지 않는다. 성격에 따라 차이가 있다.

 생색은 나쁜 행동은 아닐지라도 바람직하지는 않다. 생색을 내고자 하는 사람들의 특징은 말이 많은 편이다. 그리고 자신의 행동을 돋보이고자 관련자들을 깎아내리는 경향이 있거나, 관련자들의 기여 정도를 실제 비중보다 줄이는 경향이 있다. 즉 대비효과를 노리는 것이다. 이순신을 성웅으로 만들기 위해 실제보다 더 무능하고 욕심이 많은 사람으로 묘사되어야 했던 원균의 이야기처럼.

 그런데 생색을 내는 사람의 의도와는 달리 결과는 박(薄)하고 오히려 역효과가 난다. 생색은 선행을 자신의 입 밖으로 내뱉는 순간 선행의 무게를 반감시킨다. 동서고금을 막론하고 마찬가지인 것 같다. 일찍이 예수는 오른팔이 한 선행을 왼팔이 모르게 하라고 가르치는 걸 보면. 생색이 자신의 자랑 정도에서 그친다면 크게 걱정할 일이 없다. 생색을 경계해야 하는 이유는 협력을 방해하며 조직의 분열을 촉진한다. 동료들과 공동 과제를 수행해서 좋은 성과를 얻었을 때 각자 자신의 기여도를 크게 부풀린다면 어떻게 되겠는가. 공동 과제에 참여한 각자의 기여도를 합치면 100%가 되어야 하나 100%를 훨씬 상회할 경우, 성과급이 존재하는 현장이라면 싸움이나 반목과 질시가 이어지는 것은 당연지사이고, 조직은 협력보다는 경쟁과 암투가 난무할 것이고 그러다 보면 결과도 좋지 않을 것이다.

이와는 반대로 자신의 선행을 숨기고자 하는 사람이 있다. 이것이 어쩌다 알려지면 그 사람은 자신이 한 선행보다 더 큰 보상을 받는다. 물질적 보상은 아닐지라도. 더 많은 사람들이 감동하기 때문이다. 어떤 연예인은 주변 불우한 이웃에게 이름도 밝히지 않은 채 도움의 손길을 지속적으로 펼치다 우연히 알려져 우리에게 큰 울림을 주는 사례를 본다. 고아를 소문 없이 입양하여 자신의 호적에 올리고 자신이 낳은 자식처럼 키우는 사람, 연말 구세군의 자선냄비에 거액의 봉투를, 그것도 자신의 이름도 밝히지 않은 채 놓고 가는 시민, 국민적 관심거리였던 대통령 파면 결정문을 낭독했던 헌재 법관이 존경한다는 김장하 어르신과 같은 행동 등. 공통점은 선행은 하되 스스로 이름 밝히기를 거절했던 사람들이다. 남의 부(富)를 조금이라도 자신 쪽으로 당기겠다고 악다구니 쓰는 사회에 정말 소금 같은 사람들이다.

생색을 내는 것과, 내지 않는 선행은 왜 다른 사람에게 감동의 정도를 다르게 전달할까. 그것은 순수성에 있다고 여겨진다. 선행은 똑같은 선행인데 그리고 남들이 선뜻하기 힘든 일인데 생색을 내는 사람의 의도는 선행보다는 자신을 다른 사람에게 '나는 선행하는 사람이야' 하고 알림에 목적이 있고 숨은 기부자나 선행자는 남을 돕는다는 행위 자체에 목적이 있기 때문이라 생각된다.

선행은 하기 힘들다. 귀찮기도 하고 내 것을 나눠 줘야 한다는 부담도 분명 존재한다. 선행을 하고도 발설하지 않는 것 또한 참기 힘든 건 마찬가지이다. 누군가 알아줬으면 좋겠는데, 평범한 사람들은 입이 근질거려 참을 수 없다. 그러나 어쨌든 타인에게 전해지는 감동은 순수할수록 커진다는 게 진실이다.

발길이 머무는 곳

발길이 머무는 곳
김도석 수필집

발 행 일	|	2025년 5월 27일
지 은 이	|	김도석
발 행 인	|	李憲錫
발 행 처	|	오늘의문학사
출판등록	|	제55호(1993년 6월 23일)
주 소	|	대전광역시 동구 대전로 867번길 52(삼성동 한밭오피스텔 401호)
전화번호	|	(042)624-2980
팩시밀리	|	(042)628-2983
카 페	|	http://cafe.daum.net/gljang (문학사랑 글짱들)
인터넷신문	|	www.k-artnews.kr(한국예술뉴스)
전자우편	|	hs2980@daum.net
계좌번호	|	농협 405-02-100848(이헌석 오늘의문학사)

공 급 처	|	한국출판협동조합
주문전화	|	(02)716-5616
팩시밀리	|	(02)716-2999

ISBN 979-11-6493-376-1
값 15,000원

ⓒ김도석 2025

* 이 책의 판권은 저작권자와 오늘의문학사에 있습니다.
* 오늘의 문학사는 E-Book(전자책)으로 제작하여 ㈜교보문고에서 판매합니다.
* 잘못 만들어진 책은 구입하신 서점에서 교환해 드립니다.